DEUTSCH-BULGARISCHER
SPRACHFÜHRER

DEUTSCH-
BULGARISCHER
SPRACHFÜHRER

- über **5000** Wörter und Wendungen
- kleines Wörterbuch

Sprachführerreihe
HERMES

VERLAGSHAUS HERMES

DEUTSCH-BULGARISCHER SPRACHFÜHRER

Text © Verlagshaus Hermes 2004
Umschlaggestaltung © Georgi Stankov 2004

ISBN 954–26–0143–3

Sitz des Verlaghauses Hermes:
Bogomilstraße 59
4000 Plovdiv
Bulgarien
Tel.: +359 32 630 630
E-Mail: info@hermesbooks.com

Bestellungen: Bitte wenden Sie sich an unseren Kundendienst:
Tel.: +359 32 608 109
Fax: +359 32 608 199

Sie können uns im Internet besuchen: www.hermesbooks.com

INHALT

Liebe/r Leser/in,

Der vorliegende Sprachführer ist als zuverlässiger Begleiter für die verschiedenen Situationen während Ihrer Reise durch Bulgarien konzipiert. Die übersichtliche Gestaltung macht den Sprachführer zu einem universell einsetzbaren Hilfsmittel, das einen Bestand an häufig gebrauchten Wörtern und Wendungen enthält und Ihnen gleichzeitig bei der Formulierung von Sätzen weiterhilft.

Jede Seite ist in drei Spalten geteilt. Die Transliteration der bulgarischen Wörter und Wendungen ist in *Kursivschrift* gedruckt. Die Betonung wird mit dem Zeichen ' markiert.

Das deutsch-bulgarische Wörterbuch am Ende des Sprachführers eignet sich als Nachschlagewerk, das bei der Kommunikation bzw. bei der Überwindung von Sprachschwierigkeiten weiterhelfen soll.

Die Aussprachenangaben und der Überblick über die bulgarische Grammatik bieten Einsicht in die Grundlagen der bulgarischen Sprache.

Die hilfreichen Info–Boxen geben vielfältige landeskundliche Informationen und sollen dazu beitragen, die bulgarische Kultur besser zu verstehen und neue Bekanntschaften leichter anzuknüpfen.

Abkürzungen:

adj	Adjektiv	*p.*	Person
adv	Adverb	*pers.pr.*	Personalpronomen
bzw.	beziehungsweise	*pl*	Plural
f	Femininum	*poss.pr.*	Possessivpronomen
m	Maskulinum	*sg*	Singular
n	Neutrum		

BULGARIEN AUF EINEN BLICK

Name:	Republik Bulgarien
Staatsform:	parlamentarische Republik
Fläche:	110 994 km²
Hauptstadt:	Sofia
Großstädte:	Plowdiw, Warna, Burgas
Höchster Gipfel:	Mussala 2925 m
Tiefpunkt:	Seeküste
Klima:	Januar: -2° C; Juli: 21° C
Bevölkerung (Juli 2002):	7 621 337
Staatssprache:	Bulgarisch
Religion:	83,8 % Orthodoxe, 12,1 % Muslime, 4,1 % sonstige Konfessionen
Wirtschaft	
BIP (2002):	$ 50,6 Mia.
Währungseinheit:	1 LEW = 100 Stotinki
Wechselkurs:	1 EUR = 1,955 BGL
Bildung (2002):	2% Analphabeten
Lebenserwartung (2002):	Männer: 67,98 Jahre Frauen: 75,22 Jahre

BULGARIEN – IN GESCHICHTE UND GEGENWART

Eine alte Legende besagt, dass Gott alle Völker versammelt hat, um ihnen ein Stückchen Schönheit der Welt zu schenken. Jedes Volk hat seinen Teil der Schöpfung Gottes bekommen. Da die Bulgaren aber später gekommen sind und für sie nichts übrig geblieben ist, hat ihnen Gott ein Teilchen vom Paradies geschenkt ...

Bulgarien liegt in Südosteuropa, in Herzen der Balkanhalbinsel, und ist ein Land, das sich einer einzigartigen Landschaft – atemberaubende hohe Gebirge, fruchtbare Täler, azurblaues Meer und prächtige Sandstrände – rühmen kann.

Die herrliche Landschaft und das gemäßigte Klima bieten sowohl im Sommer als auch im Winter ausgezeichnete Erholungsmöglichkeiten und die 1300 – jährige, durch Aufstiege und Niedergang geprägte Geschichte Bulgariens macht das Land zu einem faszinierenden Reiseziel.

Der bulgarische Staat wurde 681 n. Chr. von Protobulgaren – ein Turkvolk – und Slawen gegründet. Im 9. Jahrhundert schufen die Brüder Kyrill und Method aus Saloniki das slawische Alphabet (später Kyrillitsa genannt), das zur Grundlage für große literarische und kulturelle Errungenschaften wird.

1393 wurde das Land von osmanischen Türken erobert. Nach der fast 500 Jahre langen osmanischen Herrschaft erkämpfte das Land 1878 seine Unabhängigkeit. Nach dem Zweiten Weltkrieg gehörte Bulgarien zum Ostblock. Seit dem Zusammenbruch des totalitären Regimes im November 1989 befindet sich das Land im Umbruch, und alle hoffen auf einen baldigen Beitritt zur NATO und zur EU.

REPUBLIK BULGARIEN

Vidin

Montana ⊙
⊙ Vraca

⊙ Pernik

⊛ Sofia

Kjustendil ⊙

Blagoevgrad ⊙

Sandanski

Borovec

🛡 Rilski manastir

Koprivštica

Pazardžik

Velingrad

Pamporovo

Smoljan ⊙

⊙ Pleven

⊙ Loveč

Trojan

Trojanski 🛡
manastir

• Karlovo

• Chissarja

Plovdiv ⊙

Assenovgrad

🛡 Bačkovski
manastir

⊙ Kyrdžali

Ruse ⊙

Veliko Tyrnovo

🛡 Drjanovski manastir

⊙ Gabrovo

Stara Zagora ⊙

Chaskovo ⊙

Silistra ⊙

Dobrič ⊙

Šumen ⊙

Razgrad ⊙

Tyrgovište ⊙

Sliven ⊙

Jambol ⊙

Balčik •
Albena ◇
Zlatni pjassytsi ◇

Varna ⊙

Kamčia ◇

Nessebyr ◇
Slynčev brjag ◇
Pomorie ⊙
Sozopol
Burgas ⊙
Djuni ◇
Primorsko
Tsarevo

Achtopol

12

AUSSPRACHE

Abgesehen von wenigen Ausnahmen bereitet die Aussprache im Bulgarischen dem Deutsch Sprechenden keine großen Schwierigkeiten. Im Allgemeinen spricht man im Bulgarischen so, wie man schreibt.

Die folgende Übersicht dient der schnellen Orientierung über das kyrillische Alphabet und dessen Transliteration bzw. Transkription. Sie will dem Deutsch Sprechenden die Benutzung des Sprachführers und damit die Verständigung erleichtern.

I. Kyrillischer Druckbuchstabe
II. Transkription nach DIN 1460
III. Aussprachenahe Transkription

I	II	III	
А а	a	a	(wie in **k**a**lt**)
Б б	b	b	(wie in **B**lume)
В в	v	w	(wie in **w**arm, **V**ase)
Г г	g	g	(wie in **G**eld)
Д д	d	d	(wie in **d**or**t**)
Е е	e	e, je[1]	(wie in B**e**tt)
Ж ж	ž	sh	(wie in **G**elee, **J**ournal)
З з	z	z	(wie in **S**ahne, Ho**s**e)
И и	i	i	(wie in T**i**sch)
Й й	j	j	(wie in **J**esuit, Mayonnaise)
К к	k	k	(wie in **K**offer, Ta**g**)
Л л	l	l	(wie in **l**eben, ba**l**d)
М м	m	m	(wie in **M**ann)
Н н	n	n	(wie in **N**ame)
О о	o	o	(wie in S**o**nne, **o**ft)
П п	p	p	(wie in **P**reis, gel**b**)
Р р	r	r	(wie in **R**eise, B**r**ille, fah**r**en)
С с	s, ss[2]	ß	(wie in hei**ß**, Po**s**t, Hau**s**)
Т т	t	t	(wie in Au**t**o, Ba**d**)
У у	u	u	(wie in B**u**tter, W**u**rst)
Ф ф	f	f	(wie in **f**ünf, **v**ier)
Х х	ch	h[3], ch	(wie in **H**otel; no**ch**, i**ch**)

I	II	III	
Ц ц	c	ts	(wie in **z**ahlen, jet**z**t)
Ч ч	č	tsch	(wie in Deu**tsch**)
Ш ш	š	sch	(wie in Fi**sch**)
Щ щ	t	scht	(wie in **St**adt)
Ъ ъ	y	â	(wie in Wett**e**r, Zuck**e**r)
Ь ь	j	j	(wie in **J**och, **J**od)
Ю ю	ju	ju	(wie in **J**uni, **J**uli)
Я я	ja	ja	(wie in **ja**, **J**acke)

[1] nach i
[2] zwischen Vokalen
[3] im Wort- und Silbenanlaut vor Vokal

Vokale

Im Gegenwartsbulgarischen gibt es sechs Vokale: **а, ъ, о, у, е, и**. Dabei sind **а, о, е** breite Vokale und **ъ, у, и** enge Vokale.

Im Gegensatz zum Deutschen, wo die Vokale nach der Quantität lang und kurz sein können *(Miete – Mitte)*, weisen die bulgarischen Vokale keine langen und kurzen Formen auf; sie sind relativ kurz. Darüber hinaus klingen die betonten Vokale deutlicher als die unbetonten.

Konsonanten

In der bulgarischen Gegenwartssprache unterscheidet man 39 Konsonanten, die in der Schrift durch 21 Buchstaben wiedergegeben werden. Die Konsonanten im Bulgarischen klingen ähnlich wie die im Deutschen.

Die meisten Konsonanten (mit Ausnahme von **л, м, н, р, й, х**) gehören zwei großen Kategorien an: stimmhafte und stimmlose Konsonanten.

Stimmhaft: б, в, г, д, ж, з, дж, дз.
Stimmlos: п, ф, к, т, ш, с, ч, ц.

Zu beachten ist, dass die stimmhaften Konsonanten (vor allem) am Ende des Wortes stimmlos gesprochen werden:

град	*grat*	Stadt
сняг	*ßnjak*	Schnee
гараж	*ga'rasch*	Garage
аз	*aß*	ich

Betonung

Im Bulgarischen ist die Betonung nicht festgelegt. Jede Silbe kann Träger des Wortakzentes sein. Zur Angabe der Betonung wird im Sprachführer das Zeichen ' vor der betonten Silbe verwendet.

маса	*'maßa*	Tisch
красив	*kra'ßif*	schön
прозорец	*pro'zorets*	Fenster
самолет	*ßamo'let*	Flugzeug

Die Präpositionen und die Konjunktionen werden nicht betont. Sie werden zusammen mit dem voranstehenden bzw. folgenden betonten Wort gesprochen.

Der Wortakzent hat im Bulgarischen eine bedeutungsunterscheidende Funktion, weshalb es von Bedeutung ist, auf die Wörter den richtigen Akzent zu setzen.

'ßedmitsa (Woche)	*ßed'mitsa* (Sieben)
pa'ri (Geld)	*'pari* (Dämpfe)
ja'de (er/sie/es isst)	*'jade* (er/sie/es aß)

Die bulgarische Sprache gehört zur Gruppe der südslawischen Sprachen. Das Gegenwartsbulgarische hat seinen Ursprung im Altbulgarischen, der ältesten slawischen Schriftsprache. Sie weist einige für die slawischen Sprachen typische Kennzeichen auf: z. B. Genus der Substantive, perfektive Aktionsart des Verbums bzw. unvollendeten Aspekt. Obwohl die bulgarische Sprache typische mit anderen slawischen Sprachen verwandt ist, zeichnet sie sich durch einige einzigartige Elemente aus: Abbau der Substantivflexion und Gebrauch von Präpositionen als Ersatzform; bestimmte Artikel (im Laufe der sprachlichen Entwicklung von Demonstrativpronomen im Altbulgarischen abgeleitete Formen, die heutzutage an den Wortauslaut treten), spezifische Bildung von Steigerungsstufen des Adjektivs. Das Erlernen der bulgarischen Sprache mit ihren einmaligen sprachlichen Charakteristika ist eine echte Herausforderung, die dem Bulgarisch Lernenden ein Vergnügen bereitet.

Substantive

Im Bulgarischen gibt es drei Genera: Maskulinum, Femininum und Neutrum.

Im Altertum hielten die Menschen alle Dinge in der Natur für beseelt. Den Männern und den Frauen, den Pflanzen und den Tieren, den geographischen Objekten und den abstrakten Begriffen wurde ein bestimmtes „Geschlecht" zugeschrieben.

Die Endung des Wortes bestimmt im Allgemeinen das Genus der Substantive im Bulgarischen.

Die auf einen Konsonanten bzw. auf den Halbvokal **-й** endenden Substantive sind in der Regel maskulin, z.B.:

учител	*u'tschitel*	Lehrer
чай	*tschaj*	Tee

Substantive auf **-a/-я** sind feminin, z.B.:

| майк**а** | *'majka* | Mutter |
| лел**я** | *'lelja* | Tante |

Substantive auf **-e/-o** sind neutral, z.B.:

| дет**е** | *de'te* | Kind |
| сел**о** | *'ßelo* | Dorf |

Die meisten Maskulina und Feminina nehmen die Pluralendung **-и** an:

учител**и**	*u'tschiteli*	Lehrer
билет**и**	*bi'leti*	Fahrkarten
жен**и**	*she'ni*	Frauen
ста**и**	*'ßtai*	Zimmer

Die meisten Neutra haben im Plural die Endung **-a** oder **-я** anstelle des letzten Vokals:

легл**о**	*le'glo*	Bett
легл**а**	*le'gla*	Betten
цвет**е**	*'tswete*	Blume
цвет**я**	*tswe'tja*	Blumen

Adjektive

Die Adjektive stimmen in Genus und Numerus mit dem Substantiv, das sie bestimmen, überein. Die Steigerungsstufen der Adjektive im Bulgarischen sind der Komparativ und der Superlativ.

Der Komparativ und der Superlativ werden entsprechend durch die vorangestellten Partikeln **по-** und **най-** gebildet, also:

| красив (schön) | **по**-красив (schöner) | **най**-красив (schönste) |
| *kra'ßif* | *'po-kra'ßif* | *'nai-kra'ßif* |

Ausnahme:

| много (viel) | повече (mehr) | най-много (am meisten) |
| *'mnogo* | *'powetsche* | *'nai-'mnogo* |

2*

Artikel

Im Bulgarischen gibt es keinen unbestimmten Artikel. Die Numeralien **един** *(m)*, **една** *(f)*, **едно** *(n)* haben die Funktion des unbestimmten Artikels. Der bestimmte Artikel tritt an den Wortauslaut.

Der bestimmte Artikel für die Maskulina ist **-ът/-ят** (wenn das Substantiv die Funktion des Subjekts im Satz innehat) und **-a/-я** in allen übrigen Fällen. Beim Sprechen fällt der Laut **т** bei **-ът/-ят** oft weg.

мъж	мъжът	овчар	овчарят
ein Mann	**der** Mann	ein Hirt	**der** Hirt

Der bestimmte Artikel der Feminina ist **-та**:

жена	жена**та**
eine Frau	**die** Frau

Die Neutra bekommen den bestimmten Artikel **-то**:

дете	дете**то**
ein Kind	**das** Kind

Im Plural bekommen die Maskulina und die Feminina den bestimmten Artikel **-те**:

мъже	мъже**те**
Männer	**die** Männer
жени	жени**те**
Frauen	**die** Frauen

Die Neutra bekommen im Plural den bestimmten Artikel **-та**:

цветя	цветя**та**
Blumen	**die** Blumen

Pronomen

Personalpronomen

Die Personalpronomen im Bulgarischen haben zwei Formen: eine voll und eine kurze Form.

Im Gegensatz zum Deutschen ist der Gebrauch der Personalpronomen im Bulgarischen micht immer notwendig. In der Funktion des Subjects fallen sie weg, da Person und Numerus in der Endung des Verbs ausgedrückt werden: има**м** (ich habe), има**ш** (du hast).

Wie im Deutschen unterscheidet man auch im Bulgarischen zwischen einer vertraulichen Anrede mit dem Anredepronomen **ти** (*ti*) und der Höflichkeitsform **вие** (*wije*) für die 2. Person Plural.

In der Alltagssprache bevorzugen die Bulgaren, den Gesprächspartner zu duzen. Wird auf die Anredeform nicht gesondert hingewiesen, so ist der Gebrauch des jeweiligen Anredepronomens kontextabhängig.

Singular

1. аз	*aß*	ich
2. ти	*ti*	du
3. той, тя, то	*toj, tja, to*	er, sie, es

Plural

1. ние	*nije*	wir
2. вие	*wije*	ihr
3. те	*te*	sie

Possessivpronomen

Die Possesivpronomen im Bulgarischen stimmen (wie die Adjektive) in Genus und Numerus mit dem Substantiv, das sie bestimmen, überein.

Reflexivpronomen

Im Bulgarischen gibt es zwei unveränderliche Reflexivpronomen, mit deren Hilfe die reflexiven Verben gebildet werden: **се** *(ße)* und **си** *(ßi)*.

Мия **се**.	*'Mija ße.*	Ich wasche <u>mich</u>.
Мия **си** лицето.	*'Mija ßi li'tseto.*	Ich wasche <u>mir</u> das Gesicht.

Verb

Die Verben im Bulgarischen haben keinen Infinitiv. Als Grundform des Verbs gilt die 1. Person Singular.

Am häufigsten enden die Verben auf **-a/-я**, **-ам/-ям**. Die Person wird einerseits durch die Endung, andererseits durch das Personalpronomen bestimmt. In der Regel fallen die Personalpronomina weg, Verbendungen geben Person und Numerus an.

Die Verben im Bulgarischen werden in drei große Konjugationsgruppen eingeteilt: **e-**, **u-** und **a-** Konjugation. Die Konjugation wird von der Endung des Verbs für die 3. Person Singular Präsens bestimmt:

пиша	*'pischa*	**-e**: schreiben
пиш**e**	*'pische*	er/sie schreibt
мисля	*'mißlja*	**-и**: denken
мисл**и**	*'mißli*	er/sie denkt
рисувам	*ri'ßuvam*	**-a**: malen
рисув**a**	*ri'ßuva*	er/sie malt

Präsens

пиша	*'pischa*	schreiben	
Singular		*Plural*	
1. пиша	*'pischa*	пиш**ем**	*'pischem*
2. пиш**еш**	*'pischesch*	пиш**ете**	*'pischete*
3. пиш**e**	*'pische*	пиш**ат**	*'pischat*

Die Verneinung wird durch die Partikel **не** *ne* (nicht) gebildet, die immer vor dem Verb steht.

| пиша/**не** пиша | *'pischa/ne 'pischa* | schreiben/nicht schreiben |
| работя/**не** работя | *ra'botja/ne ra'botja* | arbeiten/nicht arbeiten |

Das Verb **имам** *'imam* (haben) wird durch das selbstständige Verb **нямам** *'njamam* (nicht haben) verneint.

Futur

Das Futur wird durch die Partikel **ще** gebildet, die immer vor dem Verb steht.

Die Verneinung der Zukunftsform des Verbs wird durch **не ще/ няма да** *(ne schte/'njama da)* gebildet, die immer vor dem Verb stehen.

Singular		*Plural*	
1. ще пиша	schte 'pischa	ще пишем	schte 'pischem
2. ще пишеш	schte 'pischesch	ще пишете	schte 'pischete
3. ще пише	schte 'pische	ще пишат	schte 'pischat

Hilfsverb съм

съм	ßâm	sein

Singular

аз (не) съм	aß (ne) ßâm	ich bin (nicht)
ти (не) си	ti (ne) ßi	du bist (nicht)
той (не) е	toj (ne) e	er ist (nicht)
тя (не) е	tja (ne) e	sie ist (nicht)
то (не) е	to (ne) e	es ist (nicht)

Plural

ние (не) сме	nije (ne) ßme	wir sind (nicht)
вие (не) сте	wije (ne) ßte	ihr seid (nicht)
те (не) са	te (ne) ßâ	sie sind (nicht)

Wortstellung

Die Wortstellung im Bulgarischen relativ frei. Die Stellung der Satzglieder unterliegt keinen festen Regeln.

Das Adjektiv ist das einzige Satzglied mit fixer Position vor dem Substantiv, das es bestimmt.

Die Fragesätze werden durch die Partikel **ли** gebildet , die immer nach dem Verb steht.

Ходиш на кино. Ходиш **ли** на кино?
Du gehst ins Kino. Gehst du ins Kino?
Искат чай. Искат **ли** чай?
Sie möchten Tee. Möchten sie Tee?

BEKANNTSCHAFT

ЗАПОЗНАНСТВО

Merken Sie sich	Zapom'nete	Запомнете
Ja.	*Da.*	Да.
Nein.	*Ne.*	Не.
Wenn Sie wollen.	*A'ko o'bitschate.*	Ако обичате.
Wie bitte?	*'Molja?*	Моля?
Danke!	*Blagoda'rja!*	Благодаря!
Entschuldigen Sie.	*Izwi'nete.*	Извинете.
Es tut mir Leid.	*ßâsha'ljawam.*	Съжалявам.
Ich verstehe es nicht!	*Ne raz'biram!*	Не разбирам!

BEKANNTSCHAFT

GRÜßE	'POZDRAVI	ПОЗДРАВИ
Herzlich willkommen!	*Dob're do'schâl/ do'schla/do'schli!*	Добре дошъл *m*/ дошла *f*/дошли *pl*!
Guten Morgen!	*Dob'ro 'utro!*	Добро утро!
Guten Tag!	*'Dobâr den!*	Добър ден!
Guten Abend!	*'Dobâr 'wetscher!*	Добър вечер!
Gute Nacht!	*'Leka noscht!*	Лека нощ!
Einen schönen Tag!	*Pri'jaten den!*	Приятен ден!
Einen schönen Abend!	*Pri'jatna 'wetscher!*	Приятна вечер!
Auf Wiedersehen!	*Do'wishdane!*	Довиждане!
Bis bald!	*Do'ßkoro!*	До скоро!
Tschüss!	*'Tschao!*	Чао!

BEKANNTSCHAFT

Anrede

*In der bulgarischen Sprache gibt es zwei Anredeformen: **mu** und **вие**. **Tu** ist die vertrauliche Anrede, die man im informellen Umgang verwendet. Mit der Höflichkeitsform **вие** redet man nicht verwandte und nicht vertraute Personen an.*

Herr ...	*Goßpo'din...*	Господин...
Frau ...	*Goßpo'sha...*	Госпожа...
Fräulein ...	*Goß'poshitsa...*	Госпожица...

INS GESPRÄCH KOMMEN	*DA ZA'WÂRSHEM 'RAZGOWOR*	ДА ЗАВЪРЖЕМ РАЗГОВОР
Sprechen Sie Bulgarisch? – Ja, aber nicht so gut./Ein bisschen./ Überhaupt nicht.	*Go'worite li 'bâlgarßki? – Da, no 'ne 'mnogo dob're./'Malko./ 'Nikak.*	Говорите ли български? – Да, но не много добре./Малко./ Никак.
Ich spreche nicht Bulgarisch.	*Ne go'worja 'bâlgarßki*	Не говоря български.
Hallo!	*Zdra'wej!/'Zdraßti! Zdra'wejte!*	Здравей!/Здрасти! Здравейте!
Ich freue mich, Ihre Bekanntschaft zu machen.	*Pri'jatno mi e da ße zapo'znaem.*	Приятно ми е да се запознаем.
Wie heißt du/ heißen Sie? – Ich heiße ...	*Kak ße 'kazwasch/ 'kazwate? – 'Kazwam ße...*	Как се казваш *sg*/ казвате *pl*? – Казвам се...
Wie alt bist du/ sind Sie?	*Na 'kolko go'dini ßi/ßte?*	На колко години си *sg*/сте *pl*?

BEKANNTSCHAFT

Wie geht es dir/ Ihnen?	*Kak ßi/ßte?*	Как си *sg*/сте *pl*?
– Danke, gut. Und dir/Ihnen?	*– Do'bre, a ti/ 'wije?*	– Добре, а ти *sg*/ вие *pl*?
Darf ich Ihnen	*'Neka wi pret'ßtawja na*	Нека ви представя на
meinen Freund/	*'moja pri'jatel/*	моя приятел/
meine Freunde/	*'mojite pri'jateli/*	моите приятели/
meinen Ehemann vorstellen.	*'moja ßâ'pruk.*	моя съпруг.
Das ist ...	*To'wa e...*	Това е...
meine Freundin.	*'mojata pri'jatelka.*	моята приятелка.
mein Ehemann.	*'moja ßâ'pruk.*	моят съпруг.
meine Ehefrau.	*'mojata ßâ'pruga.*	моята съпруга.

DAS EIS BRECHEN / *DA RAß'TSCHUPIM LE'DA* / ДА РАЗЧУПИМ ЛЕДА

Wie war die Reise?	*Kak 'mina pâ'tuwaneto wi?*	Как мина пътуването ви?
– Prima./Gut./ So lala./Entsetzlich.	*– Tschu'deßno./ Dob're./ 'Gore-'d olu./U'shaßno.*	– Чудесно./Добре./ Горе-долу./Ужасно.
Wann sind Sie in Bulgarien angekommen?	*Ko'ga priß'tignachte w bâl'garija?*	Кога пристигнахте в България?
– Vor einer Woche/ Vor einigen Tagen/ Gestern.	*– Pre'di 'ßedmitsa/ pre'di 'njakolko dni/ 'ftschera.*	– Преди седмица/ преди няколко дни/ вчера.

[]

BEKANNTSCHAFT

25

Wie lange bleiben Sie hier zu Lande? – Einige Tage/ eine Woche/ einen Monat.	*'Kolko 'wreme schte oß'tanete fßtra'nata? – 'Njakolko dni/ 'ßedmitsa/ 'meßets.*	Колко време ще останете в страната? – Няколко дни/ седмица/ месец.
Wo sind Sie abgestiegen? – Im Hotel/ in einer Mietwohnung/ bei Freunden.	*Kâ'de ßte ot'ßednali? – F cho'tel/ f 'tschaßtna kwar'tira/ u pri'jateli.*	Къде сте отседнали? – В хотел/ в частна квартира/ у приятели.
Gefällt es Ihnen in Bulgarien? – Ja, sehr.	*Ha'reßwa li wi w bâl'garija? – Da, 'mnogo.*	Харесва ли ви в България? – Да, много.
Machen Sie hier Urlaub? – Ja./Nein, in einer dienstlichen Angelegenheit.	*Na po'tschifka li ßte tuk? – Da./Ne, tuk ßâm po 'rabota.*	На почивка ли сте тук? – Да./Не, тук съм по работа.

NATIONALITÄTEN	*NATSIO'NALNOßTI*	НАЦИОНАЛНОСТИ
Woher kommen Sie? – Ich komme aus Deutschland/ aus Österreich/ aus der Schweiz.	*Otkâ'de ßte? – Aß ßâm ot ger'manija/ ot 'afstrija/ ot schwej'tsarija.*	Откъде сте? – Аз съм от Германия/ от Австрия/ от Швейцария.

– Ich bin Deutscher/ Deutsche. Österreicher/ Österreicherin. Schweizer/ Schweizerin.	– *Aß ßâm ger'manets/ ger'manka. afst'rijets/ afst'rijka. schwej'tsarets/ schwej'tsarka.*	– Аз съм германец *m*/ германка *f*. австриец *m*/ австрийка *f*. швейцарец *m*/ швейцарка *f*.
– Ich bin in Deutschland geboren, wohne aber in der Schweiz.	– *Ro'den ßâm/ Ro'dena ßâm w ger'manija, o'batsche shi'weja f schwej'tsarija.*	– Роден съм *m*/ Родена съм *f* в Германия, обаче живея в Швейцария.

BERUFE   *PRO'FEßH*   ПРОФЕСИИ

Was sind Sie von Beruf? – Ich bin... Schauspieler/ Schauspielerin. Maler/ Malerin. Programmierer. Koch/ Köchin. Arzt/ Ärztin. Ingenieur.	*Kak'wo ra'botite?* – *Aß ßâm... ak'tjor/ ak'trißa. hu'doshnik/ hu'doshnitschka. kom'pjutâren progra'mißt. got'watsch/ got'watschka. 'lekar/ 'lekarka. inshe'ner.*	Какво работите? – Аз съм... актьор/ актриса. художник/ художничка. компютърен програмист. готвач/ готвачка. лекар/ лекарка. инженер.

27

Journalist/	*shurna'lißt/*	журналист/
Journalistin.	*shurna'lißtka.*	журналистка.
Rechtsanwalt/	*adwo'kat/*	адвокат/
Rechtsanwältin.	*adwo'katka.*	адвокатка.
Mechaniker.	*me'hanik.*	механик.
Krankenschwester.	*medi'tsinßka ßeß'tra.*	медицинска сестра.
Student/	*ßtu'dent/*	студент/
Studentin.	*ßtu'dentka.*	студентка.
Lehrer/	*u'tschitel/*	учител/
Lehrerin.	*u'tschitelka.*	учителка.
Schriftsteller/	*pi'ßatel/*	писател/
Schriftstellerin.	*pi'ßatelka.*	писателка.
Ich bin ... von Beruf, arbeite aber als ...	*Po pro'feßija ßâm..., no ra'botja ka'to...*	По професия съм..., но работя като...

FAMILIE	*ßE'MEJßTWO*	СЕМЕЙСТВО
Sind Sie verheiratet?	*'Shenen/ O'mâshena li ßte?*	Женен *m/* Омъжена *f* ли сте?
Haben Sie Kinder? – Ja, einen Jungen und ein Mädchen. – Nein, ich habe keine Kinder.	*'Imate li de'tsa? – Da, mom'tsche i mo'mitsche. – Ne, 'njamam.*	Имате ли деца? – Да, момче и момиче. – Не, нямам.
Meine Familie ist klein/groß.	*'Moeto ße'mejßtwo e 'malko/go'ljamo.*	Моето семейство е малко/голямо.

Ich habe Vater, Mutter, Bruder und Schwester.	'Imam ba'schta, 'majka, brat i ßeß'tra.	Имам баща, майка, брат и сестра.

GEBRÄUCHLICHE WÖRTER   'TSCHEßTO UPOTRE'BJAWANI 'DUMI   ЧЕСТО УПОТРЕБЯВАНИ ДУМИ

Cousin	bratof'tschet	братовчед *m*
Ehefrau	ßâ'pruga	съпруга *f*
Ehemann	ßâ'pruk	съпруг *m*
Enkel	wnuk	внук *m*
Enkelin	'wnutschka	внучка *f*
geschieden	raz'weden/ raz'wedena	разведен *m*/ разведспа *f*
Großmutter	'baba	баба *f*
Großvater	'djado	дядо *m*
Kusine	bratof'tschetka	братовчедка *f*
ledig	ne'shenen/ neo'mâshena	неженен *m*/ неомъжена *f*
Onkel	'tschitscho	чичо *m*
Schule	u'tschilischte	училище *n*
Sohn	ßin	син *m*
Tante	'lelja	леля *f*
Tochter	dâschte'rja	дъщеря *f*
Universität	uniwerßi'tet	университет *m*
verheiratet	'shenen/ o'mâshena	женен *m*/ омъжена *f*
Verwandte/r	rod'nina	роднина *m*/*f*
Witwe	wdo'witsa	вдовица *f*
Witwer	wdo'wets	вдовец *m*

GRÜßE UND KOMPLIMENTE	'POZDRAWI I KOMPLI'MENTI	ПОЗДРАВИ И КОМПЛИМЕНТИ
Viele Grüße an ...	'Mnogo 'pozdrawi na...	Много поздрави на...
Es ist mir ein Vergnügen.	Udo'wolßtwijeto e 'moe.	Удоволствието е мое.
Du siehst wunderschön aus.	Iz'gleshdasch prek'raßno.	Изглеждаш прекрасно.
Ein tolles Kleid!	ßtra'hotna 'roklja!	Страхотна рокля!

MEINUNGEN UND VORLIEBE	'MNENIJA I PRETPOTSCHI'TANIJA	МНЕНИЯ И ПРЕДПОЧИТАНИЯ
Mir gefällt ...	Ha'reßwam...	Харесвам...
Ich mag ...	O'bitscham...	Обичам...
Ich mag ... nicht.	Ne o'bitscham...	Не обичам...
Ich mag lieber ...	Pretpo'tschitam...	Предпочитам...
Ich bevorzuge ... vor ...	Pretpo'tschitam... pret...	Предпочитам... пред...
Mir ist es egal.	Fße ed'no mi e.	Все едно ми е.
Gefällt es dir/euch...? – Ja, sehr.	Ha'reßwa li ti/wi...? – Da, 'mnogo.	Харесва ли ти/ви...? – Да, много.

– So lala.	– 'Gore-'dolu.	– Горе-долу.
– Nein, überhaupt nicht.	– Ne, 'nikak.	– Не, никак.

Wie findest du	Kak ti ße 'ßtruwa...	Как ти се струва...
das Album?	al'buma?	албумът?
das Buch?	'knigata?	книгата?
den Film?	'filma?	филмът?
– Es/Er scheint mir ...	– 'ßtruwa mi ße...	– Струва ми се...
entsetzlich.	u'shaßen.	ужасен.
langweilig.	'ßkutschen.	скучен.
super.	ßtra'hoten.	страхотен.

Körpersprache

Als eine südländische Nation sind die Bulgaren sehr temperamentvoll, und im Umgang mit anderen beschränken sie sich nicht nur auf die Sprache. Die Haltung und Bewegungen des Körpers, Mimik und Gestik spielen bei der Ausdrucksweise eine wichtige Rolle. Die übliche Körpersprache sollte dem Ausländer keine Schwierigkeiten bereiten. Beachten Sie jedoch, dass in Bulgarien ein „Ja" mit einem Kopfschütteln bzw. ein „Nein" mit einem Nicken ausgedrückt wird.

ZEIT UND KALENDER

ВРЕМЕ И КАЛЕНДАР

Zeit

In Bulgarien gilt die osteuropäische Zeit (MEZ + 1 Stunde). Die Sommerzeit dauert von März bis Oktober.

Die Zeitangabe wird genau wie in Europa angeschrieben: zuerst die Tageszahl, danach die Monatszahl und am Ende die Jahreszahl, z. B. das Datum 07.04.2003 wird als „siebter April 2003" gelesen.

UHRZEIT	*Aβtrono'mi-tscheβko 'wreme*	Астрономи-ческо време
Wie spät ist es?	*'Kolko e tscha'βa?*	Колко е часът?
– Es ist ein Uhr.	*– E'din tscha'βa.*	– Един часът.
Ein Uhr fünfzig.	*E'din i pet'najβet.*	Един и петнадесет.
Halb zwei.	*E'din i polo'wina.*	Един и половина.
Viertel vor zwei.	*Dwa beβ pet'najβet.*	Два без петнадесет.
Zwei Uhr.	*Dwa tscha'βa.*	Два часът.

32

DATUM	'DATA	ДАТА
Welches Datum haben wir heute?	Ko'ja 'data e dneß?	Коя дата е днес?
– Heute ist der erste März/ der achte September.	– Dneß e 'pârwi mart/ 'oßmi ßep'temwri.	– Днес е първи март/ осми септември.

WOCHENTAGE	'DNITE NA 'ßEDMITSATA	ДНИТЕ НА СЕДМИЦАТА
Montag	pone'delnik	понеделник *m*
Dienstag	'ftornik	вторник *m*
Mittwoch	'ßrjada	сряда *f*
Donnerstag	tschet'wârtâk	четвъртък *m*
Freitag	'petâk	петък *m*
Samstag	'ßâbota	събота *f*
Sonntag	ne'delja	неделя *f*

MONATE	'MEßETSI	МЕСЕЦИ
Januar	janu'ari	януари *m*
Februar	fewru'ari	февруари *m*
März	mart	март *m*
April	ap'ril	април *m*
Mai	maj	май *m*
Juni	'juni	юни *m*
Juli	'juli	юли *m*
August	'awgußt	август *m*
September	ßep'temwri	септември *m*

ZEIT UND KALENDER

Oktober	*ok'tomwri*	октомври *m*
November	*no'emwri*	ноември *m*
Dezember	*de'kemwri*	декември *m*

JAHRESZEITEN	*ẞE'ZONI*	**СЕЗОНИ**
Frühling	*'prolet*	пролет *f*
Sommer	*'ljato*	лято *n*
Herbst	*'eẞen*	есен *f*
Winter	*'zima*	зима *f*

JAHRE	*GO'DINI*	**ГОДИНИ**
Jahr	*go'dina*	година *f*
vor hundert Jahren	*pre'di ẞto go'dini*	преди 100 години
vor zehn Jahren	*pre'di 'deẞet go'dini*	преди 10 години
voriges Jahr	*'minalata go'dina*	миналата година
dieses Jahr	*'tazi go'dina*	тази година
nächstes Jahr	*dogo'dina*	догодина
in fünf Jahren	*ẞlet pet go'dini*	след 5 години
in zwanzig Jahren	*ẞlet 'dwajẞet go'dini*	след 20 години

EPOCHEN	*E'POCHI*	**ЕПОХИ**
v. Chr.	*pre'di Chriẞ'ta*	преди Христа
n. Chr.	*ẞlet Chriẞ'ta*	след Христа
Altertum	*'drewnoẞt*	древност *f*
Mittelalter	*ẞrednowe'kowije*	средновековие *n*

ZEIT UND KALENDER

Deutsch	Lautschrift	Bulgarisch
Gegenwart	*ßâ'wremije*	съвремие *n*
Jahrhundert	*wek*	век *m*
Jahrtausend	*hiljado'letije*	хилядолетие *n*
Ära	*'era*	ера *f*

vorgestern	*'onziden*	онзиден
gestern	*'ftschera*	вчера
gestern Abend	*'ßnoschti*	снощи
heute	*dneß*	днес
heute Morgen	*ßutrin'ta*	сутринта
heute Nachmittag	*ßle'dobet*	следобед
heute Abend	*do'wetschera*	довечера
morgen	*'utre*	утре
übermorgen	*'wdrugiden*	вдругиден
nächste Woche	*'ßledwaschtata 'ßedmitsa*	следващата седмица
nächsten Monat	*'ßledwaschtija 'meßets*	следващия месец
Vergangenheit	*'minalo*	минало *n*
Gegenwart	*naßto'jaschte*	настояще *n*
Zukunft	*'bâdeschte*	бъдеще *n*
immer	*'winagi*	винаги
niemals	*'nikoga*	никога
oft	*'tscheßto*	често
selten	*'rjatko*	рядко
gewöhnlich	*obikno'weno*	обикновено
manchmal	*po'njakoga*	понякога
zwei Wochen	*dwe 'ßedmitsi*	две седмици

ZEIT UND KALENDER

WETTER

МЕТЕОРОЛОГИЧНО ВРЕМЕ

Wie ist das
Wetter heute?
– Es ist warm.
  Es ist sehr warm.
  Es ist sonnig.
  Es ist kalt.
  Es ist windig.
  Es ist bewölkt.
  Es ist neblig.
  Es ist regnerisch.

*Kak'wo e 'wremeto
dneß?*
– 'Toplo e.
  Go'reschto e.
  'ßlântschewo e.
  ßtu'deno e.
  Wetro'wito e.
  'Oblatschno e.
  Mâg'liwo e.
  Dâsh'downo e.

Какво е времето
днес?
– Топло е.
  Горещо е.
  Слънчево е.
  Студено е.
  Ветровито е.
  Облачно е.
  Мъгливо е.
  Дъждовно е.

Wie wird
das Wetter morgen?
– Morgen wird es
regnen.
  Es wird schneien.
  Morgen gibt es
Gewitter.

*Kak'wo schte 'bâde
'wremeto 'utre?*
*– 'Utre schte wa'li
dâscht.*
  Schte wa'li ßnjak.
  *'Utre schte 'ima
'burja.*

Какво ще бъде
времето утре?
– Утре ще вали
дъжд.
  Ще вали сняг.
  Утре ще има
буря.

36

ZAHLEN UND MASSEINHEITEN

ЧИСЛА И МЕРНИ ЕДИНИЦИ

KARDINAL-ZAHLEN	TSCHIß'LITELNI 'BROJNI	ЧИСЛИТЕЛНИ БРОЙНИ
null	'nula	нула
ein	e'din	един *m*
eine	ed'na	една *f*
	ed'no	едно *n*
zwei	dwa	два *m*
	dwe	две *f/n*
drei	tri	три
vier	'tschetiri	четири
fünf	pet	пет
sechs	scheßt	шест
sieben	'ßedem	седем
acht	'oßem	осем
neun	'dewet	девет
zehn	'deßet	десет
elf	edi'najßet	единадесет
zwölf	dwa'najßet	дванадесет
dreizehn	tri'najßet	тринадесет
vierzehn	tschetiri'najßet	четиринадесет
fünfzehn	pet'najßet	петнадесет

sechzehn	*scheßt'najßet*	шестнадесет
siebzehn	*ßedem'najßet*	седемнадесет
achtzehn	*oßem'najßet*	осемнадесет
neunzehn	*dewet'najßet*	деветнадесет
zwanzig	*'dwajßet*	двадесет
einundzwanzig	*'dwajßet i ed'no*	двадесет и едно
zweiundzwanzig	*'dwajßet i dwe*	двадесет и две
dreißig	*'trijßet*	тридесет
vierzig	*tsche'tirijßet*	четиридесет
fünfzig	*pede'ßet*	петдесет
sechzig	*schej'ßet*	шестдесет
siebzig	*ßedemde'ßet*	седемдесет
achtzig	*oßemde'ßet*	осемдесет
neunzig	*dewede'ßet*	деветдесет
hundert	*ßto*	сто
hunderteins	*ßto i ed'no*	сто и едно
hundertzwei	*ßto i dwe*	сто и две
zweihundert	*'dweßta*	двеста
dreihundert	*'trißta*	триста
vierhundert	*'tschetiri'ßtotin*	четиристотин
fünfhundert	*'pet'ßtotin*	петстотин
sechshundert	*'scheß'ßtotin*	шестстотин
siebenhundert	*'ßedem'ßtotin*	седемстотин
achthundert	*'oßem'ßtotin*	осемстотин
neunhundert	*'dewet'ßtotin*	деветстотин
tausend	*hi'ljada*	хиляда
zweitausend	*dwe 'hiljadi*	две хиляди
Million	*mili'on*	милион *m*
Milliarde	*mili'art*	милиард *m*

ORDINAL-ZAHLEN	*Tschiß'litelni 'redni*	Числителни редни
erste	*'pârwi*	първи
zweite	*'ftori*	втори
dritte	*'treti*	трети
vierte	*tschet'wârti*	четвърти
fünfte	*'peti*	пети
sechste	*'scheßti*	шести
siebte	*'ßedmi*	седми
achte	*'oßmi*	осми
neunte	*de'weti*	девети
zehnte	*de'ßeti*	десети
elfte	*edi'najßeti*	единадесети
zwölfte	*dwa'najßeti*	дванадесети
dreizehnte	*tri'najßeti*	тринадесети
vierzehnte	*tschetiri'najßeti*	четиринадесети
fünfzehnte	*pet'najßeti*	петнадесети
sechzehnte	*scheßt'najßeti*	шестнадесети
siebzehnte	*ßedem'najßeti*	седемнадесети
achtzehnte	*oßem'najßeti*	осемнадесети
neunzehnte	*dewet'najßeti*	деветнадесети
zwanzigste	*'dwajßeti*	двадесети
einundzwanzigste	*'dwajßet i 'pârwi*	двадесет и първи
zweiundzwanzigste	*'dwajßet i 'ftori*	двадесет и втори
dreißigste	*'trijßeti*	тридесети
vierzigste	*tsche'tirijßeti*	четиридесети
fünfzigste	*pedde'ßeti*	петдесети
sechzigste	*schej'ßeti*	шестдесети
siebzigste	*ßedemde'ßeti*	седемдесети
achtzigste	*oßemde'ßeti*	осемдесети
neunzigste	*dewedde'ßeti*	деветдесети
hundertste	*'ßtoten*	стотен

MASSEINHEITEN	'MERNI EDI'NITSI	МЕРНИ ЕДИНИЦИ
Gramm	gram	грам m
Viertel	'tschetwârt (250 g)	четвърт f (250 г)
Kilogramm	kilo'gram	килограм m
Tonne	ton	тон m
Millimeter	mili'metâr	милиметър m
Zentimeter	ßanti'metâr	сантиметър m
Meter	'metâr	метър m
Kilometer	kilo'metâr	километър m
Liter	'litâr	литър m
Höhe	wißotschi'na	височина f
Breite	schiri'na	ширина f
Länge	dâlshi'na	дължина f
Tiefe	dâlbotschi'na	дълбочина f
Quadratzentimeter	kwad'raten ßanti'metâr	квадратен сантиметър m
Quadratmeter	kwad'raten 'metâr	квадратен метър m
Kubikmeter	ku'bitscheßki 'metâr	кубически метър m

ZAHLEN UND MASSEINHEITEN

40

GELD UND BANKEN

Die bulgarische Währungseinheit ist Lew. 1 Lew besteht aus 100 Stotinki. 1997 wurde in Bulgarien der Währungsrat eingeführt und der Lew 1:1 an die D-Mark gebunden. Seit dem Euro gilt der Wahrungskurs: 1 EUR = 1.95 BGN. Der Wechselkurs schwankt täglich. Auskunft über den Tageskurs kann man in der Bank, in den Wechselstellen oder im Hotel erhalten. Die Banken sind werktags von 9.00 bis 16.00 Uhr, die Wechselstellen üblicherweise bis 18.00 Uhr, einige sogar rund um die Uhr geöffnet.

Gibt es in der Nähe eine Bank?	*'Ima li nab'lizo 'banka?*	Има ли наблизо банка?
Wo kann ich Geld umtauschen?	*Kâ'de 'moga da obme'nja pa'ri?*	Къде мога да обменя пари?
Wie viel Lewa bekomme ich für 50 Euro?	*'Kolko 'lewa schte po'lutscha za pedde'ßet 'euro?*	Колко лева ще получа за 50 евро?

41

Wie ist der Wechselkurs des Tages?	*Ka'kâf e ob'mennija kurß za de'njâ?*	Какъв е обменният курс за деня?
Akzeptieren Sie Kreditkarten?	*Pri'emate li 'kreditni 'karti?*	Приемате ли кредитни карти?
Können Sie diesen Reisescheck/ Eurocheque einlösen?	*'Moshete li da oßreb'rite 'tozi 'pâtnitscheßki tschek/ 'ewrotschek?*	Можете ли да осребрите този пътнически чек/ еврочек?
Ich möchte ein Bankkonto eröffnen.	*'Ißkam da ßi ot'krija 'bankowa 'ßmetka.*	Искам да си открия банкова сметка.
Das ist die Nummer meines Bankkontos.	*'Eto 'nomera na 'bankowata mi 'ßmetka.*	Ето номера на банковата ми сметка.

GELD UND BANKEN

GEBRÄUCHLICHE WÖRTER	*'TSCHEßTO UPOTRE'BJAWANI 'DUMI*	ЧЕСТО УПОТРЕБЯВАНИ ДУМИ
Euro	*'ewro*	евро n
Franken	*frank*	франк m
Geldautomat	*banko'mat*	банкомат m
Quittung	*'raßpißka*	разписка f
Tageskurs	*kurß za de'njâ*	курс m за деня
Währung	*wa'luta*	валута f
Wechselkurs	*ob'menen kurß*	обменен курс m

FAHRT

ПЪТУВАНЕ

ZOLLAMT	'MITNITSA	МИТНИЦА
Passkontrolle	*Paß'portna pro'werka.*	Паспортна проверка.
Weisen Sie bitte Ihren Pass vor.	*Paß'porta, 'molja.*	Паспорта, моля.
Reiseziel?	*Tsel na pâ'tuwaneto?*	Цел на пътуването?
Sind Sie Tourist? – Ja./Nein, in dienstlicher Angelegenheit.	*Tu'rißt li ßte? – Da./Ne, ßlu'shebno.*	Турист ли сте? – Да./Не, служебно.
Wie lange bleiben Sie? – Einige Tage. Zwei Wochen. Einen Monat.	*'Kolko 'wreme schte oß'tanete? – 'Njakolko dni. Dwe 'ßedmitsi. 'Meßets.*	Колко време ще останете? – Няколко дни. Две седмици. Месец.
Haben Sie etwas zu deklarieren?	*'Imate li 'neschto za dekla'rirane?*	Имате ли нещо за деклариране?

43

– Nein./Ja, zwei Flaschen Alkohol und zwei Stangen Zigaretten.	*– Ne./Da, dwe bu'tilki alko'hol i dwa 'βteka tsi'gari.*	– Не./Да, две бутилки алкохол и два стека цигари.
Öffen Sie den Koffer bitte!	*Otwo'rete 'kufara, 'molja!*	Отворете куфара, моля!
Angenehmen Aufenthalt in Bulgarien!	*Pri'jatno prebi'wawane w Bâl'garija!*	Приятно пребиваване в България!

Anschrift	*a'dreβ*	адрес *m*
Bürger *pl* der Europäischen Union	*'grashdani na Ewro'pejβkija βâ'juβ*	граждани на Европейския съюз
Familienstand	*βe'mejno polo'shenije*	семейно положение *n*
Formular	*formu'ljar*	формуляр *m*
Führerschein	*scho'fjorβka knischka*	шофьорска книжка *f*
Geburtsdatum	*'data na 'rashdane*	дата *f* на раждане
Geburtsort	*meβtorosh'denije*	месторождение *n*
Gepäck	*ba'gasch*	багаж *m*
Handgepäck	*'râtschen ba'gasch*	ръчен багаж *m*
Kofferraum	*ba'gashnik*	багажник *m*
Passnummer	*'nomer na paβ'porta*	номер *m* на паспорта
Spirituosen	*'βpirtni na'pitki*	спиртни напитки
Staatsangehörigkeit	*natsio'nalnoβt*	националност *f*
Visum	*'wiza*	виза *f*
Zigaretten	*tsi'gari*	цигари

Autofahrt

In Bulgarien gilt der Rechtsverkehr. Man überholt links. Die Höchstgeschwindigkeit auf Autobahnen ist in der Regel 120 km/h, in Ortschaften 50 km/h. Auf den großen Fernverkehrsstraßen gibt es alle 30 Kilometer eine Tankstelle. Die Verkehrszeichen sind dieselben wie in der EU. Alkoholgenuss ist strengstens untersagt (0,05 Promille).

AUTOVERMIETUNG	*KO'LA POD 'NAEM*	КОЛА ПОД НАЕМ

Ich möchte ein Auto für
  einen Tag/
  das Wochenende/
  eine Woche mieten.
	*Bich 'ißkal da na'ema kʊ'la za
	  e'din den/
	  'uikenda/
	  ed'na 'ßedmitsa.*
		Бих искал да наема кола за
		  един ден/
		  уикенда/
		  една седмица.

Was kostet ein Tag?	*'Kolko 'ßtruwa na den?*	Колко струва на ден?
Ist die Kilometerzahl/ die Versicherung im Preis inbegriffen?	*Kilomet'rasha 'fkljutschen li e/ zaßtra'hofkata 'fkljutschena li e f tse'nata?*	Километражът включен ли е/ застраховката включена ли е в цената?
Muss ich eine Kaution hinterlegen?	*'Trjabwa li da pla'tjâ de'pozit?*	Трябва ли да платя депозит?
Haben Sie einen Führerschein?	*'Imate li scho'fjorßka 'knischka?*	Имате ли шофьорска книжка?

Wohin kann ich das Auto zurückbringen?	*Kâ'de 'moga da 'wârna ko'lata?*	Къде мога да върна колата?

AN DER TANKSTELLE

NA BENZINO-'ßTANTSIJATA

НА БЕНЗИНО-СТАНЦИЯТА

Wo ist die nächste Tankstelle?	*Kâ'de e 'naj-'blißkata/ 'ßledwaschtata benzino'ßtantsija?*	Къде е най-близката/ следващата бензиностанция?
Bitte, voll tanken. Ich möchte ... Liter.	*Napâl'nete rezerwo'ara, 'molja. Bich 'ißkal... 'litra.*	Напълнете резервоара, моля. Бих искал... литра.

PANNE

PO'VREDA

ПОВРЕДА

Gibt es in der Nähe eine Autowerkstatt?	*'Ima li nab'lizo 'aftoßer'wiß?*	Има ли наблизо автосервиз?
Ich brauche einen Automechaniker.	*'Trjabwa mi 'aftomon'tjor.*	Трябва ми автомонтьор.
Bitte, prüfen Sie das Öl/die Reifen/ das Wasser.	*'Molja, prowe'rete maß'loto/'gumite/ wo'data.*	Моля, проверете маслото/гумите/ водата.
Mit dem Motor kann etwas nicht stimmen.	*'Neschto ne e na'ret ß dwi'gatelja.*	Нещо не е наред с двигателя.
Das Auto ging kaputt.	*Ko'lata ße razwa'li/ po'vredi.*	Колата се развали/ повреди.

Der Motor ist überhitzt/ springt schwer an.	*Dwi'gatelja e preg'rjal/ 'pali 'trudno.*	Двигателят е прегрял/ пали трудно.
Mir ist ein Reifen geplatzt.	*'ßpukach 'guma.*	Спуках гума.
Die Batterie ist leer.	*Akumu'latora e 'padnal.*	Акумулаторът е паднал.
Ich brauche einen neuen Reifen.	*Nush'daja ße ot 'nowa 'guma.*	Нуждая се от нова гума.

GEBRÄUCHLICHE WÖRTER	*'TSCHEßTO UPOTRE'BJAWANI 'DUMI*	ЧЕСТО УПОТРЕБЯВАНИ ДУМИ
Autobatterie	*akumu'lator*	акумулатор *m*
Autowaschanlage	*'afto'mifka*	автомивка *f*
Benzin	*ben'zin*	бензин *m*
bleihaltig/bleifrei	*o'lowen/bezo'lowen*	оловен/безоловен
Bremsen	*ßpi'ratschki*	спирачки *pl*
Bußgeld	*'globa*	глоба *f*
destilliertes Wasser	*deßti'lirana wo'da*	дестилирана вода *f*
Dieselöl	*'dizelowo go'riwo*	дизелово гориво *n*
Ersatzteile	*re'zerwni 'tschaßti*	резервни части *pl*
Frostschutzmittel	*anti'friß*	антифриз *m*
Führerschein	*scho'fjorßka 'knischka*	шофьорска книжка *f*
Gas	*gaß*	газ *f*
Geschwindigkeits- beschränkung	*ograni'tschenije na ßkoroß'ta*	ограничение *n* на скоростта
Kofferraum	*ba'gashnik*	багажник *m*
Kreuzung	*krâß'towischte*	кръстовище *n*
Kühler	*radi'ator*	радиатор *m*

47

Kurve	*za'woj*	завой *m*
Lenkrad	*wo'lan*	волан *m*
Öl	*maß'lo*	масло *n*
Pannendienst	*'pâtna 'pomoscht*	пътна помощ *f*
Parkplatz	*'parkink*	паркинг *m*
Reifen	*'guma*	гума *f*
Reifenpanne	*'ßpukana 'guma*	спукана гума *f*
Scheinwerfer	*far, 'farowe*	фар *m*, фарове *pl*
Schlüssel	*'kljutschowe*	ключове *pl*
Sicherheitsgurt	*pret'pazen ko'lan*	предпазен колан *m*
Stau	*zad'râßtwane*	задръстване *n*
Unfall	*kata'ßtrofa*	катастрофа *f*
Verkehrsampel	*ßweto'far*	светофар *m*
Verkehrspolizei	*kat/'pâtna po'litsija*	КАТ *m*/пътна полиция *f*
Verkehrsstreife	*'pâten poli'tsejßki pat'rul*	пътен полицейски патрул *m*
Zündkerze	*ßwescht*	свещ *f*

EISENBAHNFAHRT	*PÂ'TUWANE ß WLAK*	**ПЪТУВАНЕ С ВЛАК**
Wann fährt der Zug nach ... ab?	*Ko'ga 'trâgwa 'wlaka za...?*	Кога тръгва влакът за...?
Wann kommt der Zug aus ... an?	*Ko'ga priß'tiga 'wlaka ot...?*	Кога пристига влакът от...?
Hat der Zug Verspätung?	*'Ima li 'wlaka zakâß'nenije?*	Има ли влакът закъснение?
Eine Fahrkarte erster/ zweiter Klasse, Raucher/ Nichtraucher.	*E'din bi'let 'pârwa/ 'ftora 'klaßa, pu'schatschi/ nepu'schatschi.*	Един билет първа/ втора класа, пушачи/ непушачи.

Eine Rückfahrkarte nach Sofia.	*E'din bi'let o'tiwane i 'wrâschtane do 'ßofija.*	Един билет отиване и връщане до София.
Wann fährt der erste/ nächste/ letzte Zug nach ... ab?	*Ko'ga e 'pârwija/ 'ßledwaschtija/ poß'lednija wlak za...?*	Кога е първият/ следващият/ последният влак за...?
Was kostet die Fahrkarte?	*'Kolko 'ßtruwa bi'leta?*	Колко струва билетът?
Muss ich umsteigen?	*'Trjabwa li da 'smenjam 'wlaka?*	Трябва ли да сменям влака?
Hat der Zug in ... Aufenthalt?	*'ßpira li 'wlaka w...?*	Спира ли влакът в...?
Von welchem Bahnsteig fährt der Zug ab?	*Ot koj pe'ron 'trâgwa 'wlaka?*	От кой перон тръгва влакът?
Ist der Platz frei? – Ja./Nein, der Platz ist besetzt.	*ßwo'bodno li e 'mjaßtoto? – Da./Ne, za'eto e.*	Свободно ли е мястото? – Да./Не, заето е.
Welcher Bahnhof ist das?	*Ko'ja e 'tazi 'gara?*	Коя е тази гара?
Gibt es im Zug einen Speisewagen?	*'Ima li wa'gon-reßto'rant wâw 'wlaka?*	Има ли вагон-ресторант във влака?

MIT DEM FLUGZEUG	*Pâ'TUWANE ßÂß ßAMO'LET*	ПЪТУВАНЕ СЪС САМОЛЕТ
Wie komme ich zum Flughafen?	*Kak da 'ßtigna do le'tischteto?*	Как да стигна до летището?

German	Transliteration	Bulgarian
Wann muss ich am Flughafen sein?	*Ko'ga 'trjabwa da ßâm na le'tischteto?*	Кога трябва да съм на летището?
Was kostet das Flugticket?	*'Kolko 'ßtruwa bi'leta?*	Колко струва билетът?
Ich möchte einen Fensterplatz.	*Bich 'ißkal/'ißkala mjaßto do pro'zoretsa.*	Бих искал *m*/искала *f* място до прозореца.
Wo ist der Ausgang für Flugnummer ...?	*Koj 'ißchot e za 'polet...?*	Кой изход е за полет...?
Ich habe nur Handgepäck.	*'Imam 'ßamo 'râtschen ba'gasch.*	Имам само ръчен багаж.

FAHRT

MIT DEM SCHIFF / *PÂ'TUWANE PO MO'RE* / ПЪТУВАНЕ ПО МОРЕ

Ein Ticket nach ...	*'Ißkam e'din bi'let do...*	Искам един билет до...
Wann läuft das Schiffchen nach...aus?	*Ko'ga 'trâgwa 'koraptscheto za...?*	Кога тръгва корабчето за...?
Wie lange dauert die Fahrt nach ...?	*'Kolko 'wreme 'trae pâ'tuwaneto do...?*	Колко време трае пътуването до...?

TAXI / *TAK'ßI* / ТАКСИ

Gibt es in der Nähe einen Taxistand?	*'Ima li nab'lizo ßto'janka za tak'ßi?*	Има ли наблизо стоянка за такси?

Würden Sie mir bitte ein Taxi bestellen?	'Bichte li mi po'wikali tak'ßi?	Бихте ли ми повикали такси?
Zum Flughafen/zum Bahnhof/ins Stadtzentrum bitte.	Kâm le'tischteto/ 'garata/ 'tsentâra, 'molja.	Към летището/ гарата/ центъра, моля.
Halten Sie hier an.	'ßprete tuk.	Спрете тук.
Warten Sie, bitte.	Iß'tschakajte, 'molja.	Изчакайте, моля.
Können Sie mir beim Tragen des Gepäcks helfen?	'Moshe li da mi po'mognete ß ba'gasha?	Може ли да ми помогнете с багажа?
Was bin ich Ihnen schuldig?	'Kolko wi dâl'sha?	Колко ви дължа?

ÖFFENTLICHER VERKEHR	OP'SCHTEßTWEN TRANß'PORT	ОБЩЕСТВЕН ТРАНСПОРТ
Wo ist die Bushaltestelle?	Kâ'de e afto'bußnata 'ßpirka?	Къде е автобусната спирка?
Wo ist die nächste U-Bahnstation?	Kâ'de e 'naj-'blißkata 'ßtantsija na met'roto?	Къде е най-близката станция на метрото?
Wie komme ich ins Stadtzentrum?	Kak da 'ßtigna do 'tsentâra?	Как да стигна до центъра?
Fährt dieser Bus nach/zu...?	'Tozi afto'buß o'tiwa li do...?	Този автобус отива ли до...?

Würden Sie mir sagen, *'Bichte li mi 'kazali* Бихте ли ми казали
wo ich aussteigen soll. *kâ'de da 'ßljaza?* къде да сляза?

Ich möchte nach/zu ... *'Ißkam da o'tida do...* Искам да отида до...
gehen/kommen.

GEBRÄUCHLICHE WÖRTER	*'TSCHEßTO UPOTRE-'BJAWANI 'DUMI*	ЧЕСТО УПОТРЕ-БЯВАНИ ДУМИ
Kinderfahrkarte	*'detski bi'let*	детски билет
Seniorenfahrkarte	*penßio'nerßki bi'let*	пенсионерски билет
Studententicket	*ßtu'dentßki bi'let*	студентски билет
Ankunft	*priß'tigane*	пристигане *n*
die Bulgarischen Staatsbahnen	*'be'de'she*	БДЖ
Schaffner	*kon'duktor*	кондуктор *m*
Abfahrt	*zami'nawane*	заминаване *n*
Express	*ekß'preß*	експрес *m*
D-Zug	*bârß wlak*	бърз влак *m*
Gepäck	*ba'gasch*	багаж *m*
Nichtraucher *pl*	*nepu'schatschi*	непушачи
Vorverkaufsstelle	*bju'ro za predwa'ritelna pro'dashba na bi'leti*	бюро за предварителна продажба на билети
Bahnhof	*('she'pe) 'gara*	(жп) гара *f*
Schlafwagen	*'ßpalen wa'gon*	спален вагон *m*
Personenzug	*'pâtnitscheßki wlak*	пътнически влак *m*
Raucher *pl*	*pu'schatschi*	пушачи
Fahrkarte	*bi'let*	билет *m*
Fahrkartenschalter	*gi'sche za bi'leti*	гише *n* за билети
Fahrplan	*raßpi'ßanije*	разписание *n*
Platzkarte	*bi'let ßâß za'pazeno 'mjasto*	билет *m* със запазено място

UNTERBRINGUNG

НАСТАНЯВАНЕ

Von Jahr zu Jahr gibt es mehr Übernachtungsmöglichkeiten, wobei auch das Service immer besser wird. Man kann sich zwischen einem Zimmer in großen erstklassigen Hotels (3, 4 und 5 Sterne) oder – je nach Zahlungsfähigkeit – einer privaten Mietwohnung und einem Bett in einer Herberge entscheiden. Ausgenommen in Seebädern und in Höhenkurorten sind Zimmervorreservierungen nicht notwendig.

UNTERBRINGUNG	*NAβTA'NJAWANE*	НАСТАНЯВАНЕ
ZIMMERVERMIETUNG	*KWAR'TIRNO BJU'RO*	КВАРТИРНО БЮРО
HERBERGE	*TURIβ'TITSCHEβKA 'βPALNJA*	ТУРИСТИЧЕСКА СПАЛНЯ
HOTEL	*HO'TEL*	ХОТЕЛ
MIETWOHNUNG	*TSCHAβTNA KWAR'TIRA*	ЧАСТНА КВАРТИРА
ERHOLUNGSHEIM	*PO'TSCHIWNA 'βTANTSIJA*	ПОЧИВНА СТАНЦИЯ

53

Im Hotel	W ho'tela	В хотела
Rezeption	**Re'tseptsija**	**Рецепция**
Guten Tag!/ Guten Abend!	'Dobâr den./ 'Dobâr 'wetscher.	Добър ден./ Добър вечер.
Haben Sie ein Zimmer frei?	'Imate li ßwo'bodna ßtaja?	Имате ли свободна стая?
Ja./ Nein, das Hotel ist ausgebucht.	Da./Ne, 'ßitschko e za'eto.	Да./Не, всичко е заето.
Ich habe eine Reservierung.	'Imam rezer'watsija.	Имам резервация.
Mein Name ist ...	'Imeto mi e...	Името ми е...
Ich möchte gern ein Einzelzimmer/ ein Doppelzimmer mit Bad und WC für ...Tage.	Bich 'ißkal edi'nitschna 'ßtaja/ 'ßtaja ß dwe leg'la ß 'banja i toa'letna za... dni.	Бих искал единична стая/ стая с две легла с баня и тоалетна за... дни.
Meine Zimmernummer ist ...	'Nomera na 'ßtajata mi e...	Номерът на стаята ми е...
Ich verlasse das Zimmer morgen.	Na'pußkam 'utre.	Напускам утре.
Die Rechnung, bitte!	'ßmetkata, 'molja.	Сметката, моля!

Ich bezahle gleich bar.	*Schte pla'tja w broj.*	Ще платя в брой.
Ihren Pass, bitte.	*Paß'porta, 'molja.*	Паспорта, моля.
Bitte, füllen Sie dieses Formular aus.	*'Molja, popâl'nete 'tozi formu'ljar.*	Моля, попълнете този формуляр.
Unterschreiben Sie bitte hier.	*Potpi'schete tuk, 'molja.*	Подпишете тук, моля.

ANFRAGEN	*ZA'PITWANIJA*	ЗАПИТВАНИЯ
Gibt es einen überwachten Parkplatz?	*'Ima li ho'tela ohra'njaem 'parkink?*	Има ли хотелът охраняем паркинг?
Kann man hier Geld umtauschen?	*Ob'menjate li pa'ri tuk?*	Обменяте ли пари тук?
Gibt es im Zimmer Kabel-TV?	*'Ima li 'kabelna tele'wizija f 'ßtajata?*	Има ли кабелна телевизия в стаята?
Ist das Frühstück im Preis inbegriffen?	*F tse'nata 'fkljutschena li e za'kußka?*	В цената включена ли е закуска?
Was kostet das Zimmer pro Tag?	*'Kolko 'ßtruwa 'ßtajata na den?*	Колко струва стаята на ден?
Akzeptieren Sie Kreditkarten?	*Pri'emate li 'kreditni 'karti?*	Приемате ли кредитни карти?

| Würden Sie mich um ...Uhr wecken? | *Bichte li me ßâ'budili w... tscha'ßa?* | Бихте ли ме събудили в... часа? |

| Um wie viel Uhr gibtes Frühstück/ Mittagessen/ Abendbrot? | *F 'kolko tscha'ßa e za'kußkata/ o'bjada/ we'tscherjata?* | В колко часа е закуската/ обядът/ вечерята? |

| Haben Sie einen Safe? | *'Imate li ßejf?* | Имате ли сейф? |

| Würden Sie mir bitte eine Flasche Mineralwasser, Kaffee und das Frühstück aufs Zimmer bringen? | *'Bichte li mi do'neßli f 'ßtajata bu'tilka mine'ralna wo'da, ka'fe i za'kußkata?* | Бихте ли ми донесли в стаята бутилка минерална вода, кафе и закуската? |

| Hat jemand eine Nachricht für mich hinterlassen? | *'Ima li ßâop'schtenije za men?* | Има ли съобщение за мен? |

| Wann muss ich das Zimmer verlassen? | *Ko'ga 'trjabwa da oßwobo'dja 'ßtajata?* | Кога трябва да освободя стаята? |

| Würden Sie mir bitte ein Taxi bestellen? | *'Bichte li mi po'wikali tak'ßi?* | Бихте ли ми повикали такси? |

BESCHWERDEN | *OP'LAKWANIA* | ОПЛАКВАНИЯ

| Im Badezimmer gibt es keine Seife/ | *W 'banjata 'njama ßa'pun/* | В банята няма сапун/ |

56

kein Toilettenpapier/ keine Badetücher.	*toa'letna har'tija/ haw'lii.*	тоалетна хартия/ хавлии.
Das Zimmer ist nicht aufgeräumt.	*'ßtajata ne e po'tschißtena.*	Стаята не е почистена.
Das Fenster lässt sich nicht öffnen.	*Pro'zoretsa ne ße ot'warja.*	Прозорецът не се отваря.
Der Fernseher/Die Dusche ist kaputt.	*Tele'wizora/'Duscha ne ra'boti.*	Телевизорът/Душът не работи.
Es gibt kein Warmwasser.	*'Njama 'topla wo'da.*	Няма топла вода.

GEBRÄUCHLICHE WÖRTER	*'TSCHEßTO UPOTRE'BJAWANI 'DUMI*	ЧЕСТО УПОТРЕБЯВАНИ ДУМИ
Abendbrot	*we'tscherja*	вечеря *f*
Badezimmer	*'banja*	баня *f*
Balkon	*bal'kon*	балкон *m*
Bettdecke	*ode'jalo*	одеяло *n*
Bett	*leg'lo*	легло *n*
Drücken!	*But'ni!*	Бутни!
Dusche	*dusch*	душ *m*
Fahrstuhl	*aßan'ßjor*	асансьор *m*
Fernseher	*tele'wizor*	телевизор *m*
Foyer	*foa'je*	фоайе *n*
Frühstück	*za'kußka*	закуска *f*
Hoteldirektor	*up'rawitel na ho'tel*	управител *m* на хотел

Kissen	wâz'glawnitsa	възглавница f
Klimaanlage	klima'tik	климатик m
Minibar	'minibar	минибар m
Mittagessen	'obet, o'bjat	обед, обяд m
Notausgang	awa'rijen 'ißchot	авариен изход m
Restaurant	reßto'rant	ресторант m
Rezeptionist	admini'ßtrator	администратор
Rezeptionistin	admini'ßtratorka	администраторка
Übernachtung	no'schtufka	нощувка f
Vollpension	'pâlen panßi'on	пълен пансион m
Waschbecken	'mifka	мивка f
WC	toa'letna	тоалетна f
Ziehen!	Drâp'ni!	Дръпни!
Zimmer	'ßtaija	стая f
Zimmermädchen	kameri'erka	камериерка f
Zimmerschlüssel	'kljutsch za 'stajata	ключ m за стаята
Zimmerservice	'rumßârwiß	румсървис m

WOHNUNG/ FERIENHAUS MIETEN	**APARTA'MENT/ 'WILA POD 'NAEM**	**АПАРТАМЕНТ/ ВИЛА ПОД НАЕМ**
Ich möchte eine Wohnung/ein Ferienhaus für ... Tage mieten.	'Ißkam da na'ema aparta'ment/ 'wila za... dni.	Искам да наема апартамент/ вила за... дни.
Muss ich eine Anzahlung leisten?	'Trjabwa li da wne'ßa 'kaparo?	Трябва ли да внеса капаро?
Wann kommt die Putzfrau?	Ko'ga 'idwa tschiß'tatschkata?	Кога идва чистачката?

58

Sind Bettwäsche und Geschirr in der Miete inbegriffen?	*'Fkljutscheni li ßa f 'naema 'ßpalnoto be'ljo i 'kuchnenskite 'ßâdowe?*	Включени ли са в наема спалното бельо и кухненските съдове?
Sind die Kosten für Wasser, Licht und Heizung in der Miete inbegriffen?	*W 'naema 'fkljutscheni li ßa 'raßchodite za wo'da, oßwet'lenije i otop'lenije?*	В наема включени ли са разходите за вода, осветление, отопление?
Wie schaltet man den Boiler ein?	*Kak ße 'fkljutschwa 'bojlera?*	Как се включва бойлерът?
Es gibt kein Wasser/ keine Heizung/ keinen Strom.	*'Njama wo'da/ 'parno/tok.*	Няма вода/ парно/ток.
Die Dusche funktioniert nicht.	*'Duscha ne ra'boti.*	Душът не работи.
Wo ist/sind...?	*Kâ'de e/ßa...?*	Къде е/са...?
Danke für alles!	*Blagoda'rja za 'fßitschko!*	Благодаря за всичко!

GEBRÄUCHLICHE WÖRTER	*'TSCHEßTO UPOTRE'BJAWANI 'DUMI*	ЧЕСТО УПОТРЕБЯВАНИ ДУМИ
Anzahlung	*'kaparo*	капаро *n*
Badetuch	*haw'lija*	хавлия *f*

Bettlaken	*tschar'schaf*	чаршаф *m*
Badezimmer	*'banja*	баня *f*
Bettwäsche	*'βpalno be'ljo*	спално бельо *n*
Boiler	*'bojler*	бойлер *n*
Bügelbrett	*dâβ'ka za 'gladene*	дъска *f* за гладене
Bügeleisen	*ju'tija*	ютия *f*
Elektrizität/	*elek'tritscheβtwo/*	електричество *n*/
Strom	*tok*	ток *m*
Esszimmer	*trape'zarija*	трапезария *f*
Heizkörper	*radi'ator*	радиатор *m*
Heizung	*'parno,*	парно *n*,
	otop'lenije	отопление *n*
Kaution	*de'pozit*	депозит *m*
Kissen	*wâz'glawnitsa*	възглавница *f*
Kochherd	*got'warβka 'petschka*	готварска печка *f*
Küche	*'kuchnja*	кухня *f*
Küchengeräte	*'kuchnenβki 'pribori*	кухненски прибори
Kühlschrank	*chla'dilnik*	хладилник
Leck	*tetsch*	теч *m*
Mikrowelle	*mikro'wâlnowa*	микровълнова
	'petschka	печка *f*
Waschbecken	*'miſka*	мивка *f*
Waschmaschine	*pe'ralnja*	пералня *f*
Wasser	*wo'da*	вода *f*
Wasserhahn	*kran na tschesch'ma*	кран *m* на чешма
WC	*toa'letna*	тоалетна *f*
Wohnzimmer	*ſβeki'dnewna*	всекидневна *f*

> *In Bulgarien ist das Angebot an Nahrung aus dem In- und Ausland recht reichhaltig. Die geographische Lage Bulgariens als bedeutender Knotenpunkt der Balkanhalbinsel wirkt sich auch auf die Nationalküche aus. Die schmackhaften Speisen sind auf die Kochkunst der Balkanhalbinsel und des Orients zurückzuführen.*
>
> *Es gibt viele vegetarische Gerichte. Weltweit berühmt ist die bulgarische Sauermilch (Joghurt).*

IM RESTAURANT	*W REβTO'RANTA*	В РЕСТОРАНТА
Einen Tisch für eine Person/zwei/ drei Personen, bitte.	*'Maβa sa e'din/ 'dwama/'trima, 'molja.*	Маса за един/ двама/трима, моля.
Die Speisekarte, bitte.	*Me'njuto, 'molja.*	Менюто, моля.
Ich hätte gern die Weinkarte.	*'Moshe li da 'widja 'liβtata β wi'nata?*	Може ли да видя листата с вината?
Was ist das Tagesgericht?	*Ka'kâf e βpetsiali'teta na de'njâ?*	Какъв е специалитетът на деня?

Haben Sie vegetarische Speisen?	*'Imate li wegetari'anßki 'jaßtija?*	Имате ли вегетариански ястия?
Ich bin Vegetarier/ Vegetarierin.	*Aß ßâm wegetari'anets/ wegetari'anka.*	Аз съм вегетарианец/ вегетарианка.
Was würden Sie empfehlen?	*Kak'wo 'bichte prepo'râtschali?*	Какво бихте препоръчали?
Woraus besteht die Speise?	*Kak'wo ßâ'dârsha to'wa 'jaßtie?*	Какво съдържа това ястие?
Für mich ... Für die Dame ...	*Za men... Za 'damata...*	За мен... За дамата...
Guten Appetit!	*Do'bâr ape'tit!*	Добър апетит!
Ich bin allergisch gegen ...	*'Imam a'lergija kâm...*	Имам алергия към...
Ich möchte gern eine Weinsorte aus der Region probieren.	*Bich 'ißkal/'ißkala da o'pitam 'njakakwo 'meßtno 'wino.*	Бих искал *m*/искала *f* да опитам някакво местно вино.
Zum Wohl!	*Na'zdrawe!*	Наздраве!
Haben Sie eine Kinderspeisekarte?	*'Imate li 'detsko me'nju?*	Имате ли детско меню?
Herr Ober!	*ßerwi'tjor!*	Сервитьор!
Da muss ein Versehen passiert sein.	*'Trjabwa da e 'stanala 'greschka.*	Трябва да е станала грешка.

Wir haben ... bestellt.	'Bjachme po'râtschali...	Бяхме поръчали...
Hat es Ihnen geschmeckt? – Ja. Vorzüglich.	'Fkußno li wi 'besche? – Da, prewâß'hodno.	Вкусно ли ви беше? – Да, превъзходно.
Noch mal das Gleiche, bitte.	'Oschte wed'nâsch ot 'ßâschtoto, 'molja.	Още веднъж от същото, моля.
Danke, es reicht!	'Jadoch doß'tatâtschno, blagoda'rja.	Ядох достатъчно, благодаря.
Die Rechnung, bitte. Das stimmt so.	'ßmetkata, 'molja. Za'drâschte 'restoto.	Сметката, моля. Задръжте рестото.

GEBRÄUCHLICHE WÖRTER	'TSCHEßTO UPOTRE'BJAWANI 'DUMI	ЧЕСТО УПОТРЕБЯВАНИ ДУМИ
Aschenbecher	pepel'nik	пепелник *m*
Bedienung	op'ßlushwane	обслужване *n*
Dessert	de'sert	десерт *m*
Esslöffel	'ßupena lâ'shitsa	супена лъжица *f*
Flasche	bu'tilka	бутилка *f*
Gabel	'wilitsa	вилица *f*
Glas	'ßtâklena 'tschascha	стъклена чаша *f*
Hauptgericht	os'nowno 'jastije	основно ястие *n*
Kellner	ßerwi'tjor	сервитьор *m*
Korkenzieher	tirbu'schon	тирбушон *m*
Margarine	marga'rin	маргарин *m*
Mayonnaise	majo'neza	майонеза *f*
Messer	nosh	нож *m*
Rechnung	'ßmetka	сметка *f*

Sahne	*ßme'tana*	сметана *f*
Serviette	*ßal'fetka*	салфетка *f*
Speisekarte/Menükarte	*me'nju*	меню *n*
Stuhl	*ßtol*	стол *m*
Tagesgericht	*ßpetsiali'tet na de'njâ*	специалитет *m* на деня
Tasse	*'tschascha*	чаша *f*
Teelöffel	*'tschaena lâ'shitschka*	чаена лъжичка *f*
Teller	*tschi'nija*	чиния *f*
Tisch	*'maßa*	маса *f*
Trinkgeld	*bak'schisch*	бакшиш *m*
vegetarische	*wegetari'anßko*	вегетарианско
Speise	*'jaßtije*	ястие *n*
Vorspeise	*pred'jastije*	предястие *n*
Weinglas	*'winena 'tschascha*	винена чаша *f*
Weinkarte	*'lißta ß wi'na*	листа *f* с вина
Zahnstocher	*'kletschka za 'zâbi*	клечка *f* за зъби

GEWÜRZE / *POT'PRAFKI* / ПОДПРАВКИ

Butter	*maß'lo*	масло *n*
Dill	*'kopâr*	копър *m*
Essig	*o'tset*	оцет *m*
Knoblauch	*'tscheßân*	чесън *m*
Olivenöl	*sech'tin*	зехтин *m*
Peperoni	*'ljuti 'tschuschki*	люти чушки
Petersilie	*magda'noß*	магданоз *m*
Pfeffer	*'tscheren pi'per*	черен пипер *m*
Salz	*ßol*	сол *f*
Senf	*gor'tschitsa*	горчица *f*
Speiseöl	*'olio*	олио *n*
Zimt	*ka'nela*	канела *f*
Zucker	*'zachar*	захар *f*
Zwiebel	*luk*	лук *m*

© Nikola Lautliev

Überreste aus der Römerzeit in Chissarja

© Sonja Stankova

In Etyra bei Gabrovo stehen einige der besten Architekturvorbilder aus der Zeit der Bulgarischen Wiedergeburt

Bulgarisches Winternärchen

Der malerische See „Bybreka" im Rilagebirge

Herbst in den bulgarischen Bergen

▲

Die Kirche „Sveta
Bogorodica" in Plovdiv

◄ Das Drjanovo-Kloster
bei Veliko Tyrnovo

Die mittelalterliche Festungsanlage Carevec in Veliko Tyrnovo bei Nacht

Die Küstenstadt Balčik

Die Schwarzmeerkurorte bieten zahlreiche Möglichkeiten zur
Erholung

Blick auf den Narodno-sybranie-Platz und die Kuppeln der Kathedrale „Alexander Nevski" in Sofia

Das Volkstheater „Ivan Vazov" in Sofia

© Čavdar Najdenov

▲
Römisches Amphitheater
(4. Jh. n. Chr.) in Plovdiv

© Nikola Lautliev

◀ Die Altstadt in Plovdiv

SALATE

Шопска *('SCHOPβKA)* – geschnittene Gurken, Tomaten und grüne Paprikaschoten mit geriebenem Weißkäse, Speiseöl und fein gehackter Petersilie.

Селска *(βELβKA)* – geschnittene Gurken, Tomaten und gebackene Paprikaschoten mit geriebenem Weißkäse, Speiseöl und fein gehackter Petersilie.

Овчарска *(OF'TSCHARβKA)* – die Zutaten sind regional unterschiedlich, aber im Wesentlichen besteht dieser Salat aus geschnittenen Gurken, Tomaten, gebackenen Paprikaschoten, Käse, Schinken, Champignons und Mais, garniert mit geriebenem Weißkäse, gekochten Eiern und Oliven.

Млечна *('MLETSCHNA)* – Dieser Salat, auch bekannt als *βneshanka* oder *Trakijβka*, ist eine schmackhafte Mischung aus Joghurt, klein geschnittenen Gurken, Knoblauch und Dill, garniert mit gehackten Nüssen.

Руска *('RUβKA)* – gekochte, würfelig geschnittene Kartoffeln, Erbsen, Karotten, Essiggurken, Wurst, gekochte Eier und Mayonnaise.

Зелена/Великденска *(ZE'LENA/WE'LIKDENβKA)* – Salat aus klein geschnittenem grünem Salat, mit Speiseöl gewürzt, mit Oliven und gekochten Eiern garniert, traditionsgemäß im Frühling serviert.

Überblick über die Speisekarte

Зелева (*'Zelewa*) – Salat aus klein geschnittenem Kohl und geriebenen Karotten mit Dressing aus Speiseöl und Essig.

Кьопоолу (*'Kjopoolu*) – pikante Mischung aus gebackenen Auberginen und Paprikaschoten mit Dressing aus Speiseöl, Essig und Salz, garniert mit gehackten Nüssen.

SUPPEN

Шкембе чорба (*Schkem'be tschor'ba*) – Fleckensuppe, gewürzt mit Pfeffer und Knoblauch, serviert mit Gewürzessig.

Таратор (*Tara'tor*) – Erfrischend kalte Suppe aus Gurken, Joghurt und gehackten Nüssen, mit Knoblauch, Speiseöl und Salz gewürzt.

VORSPEISEN

Чушка бюрек (*'Tschuschka bju'rek*) – panierte gebackene Paprikaschote mit Eiern, zerkrümeltem Weißkäse, fein gehackter Petersilie und Pfeffer gefüllt.

Кашкавал пане (*Kaschka'wal pa'ne*) – panierter Käse.

Сирене по шопски (*ßirene po 'schopßki*) – Speise aus Weißkäse, Champignons, Oliven, Tomatensoße und Ei, zubereitet in Tonschüssel.

Überblick über die Speisekarte

Сирене по тракийски *('ßirene po tra'kijßki)* – wie *ßirene po schopßki*, aber mit Zusatz von Fleisch oder Wurst.

Лозови сарми *('Lozowi ßar'mi)* – Weinblattrouladen, mit Reis, Hackfleisch, Petersilie, Minze und Pfeffer gefüllt, meistens mit Joghurt serviert.

Пържени тиквички *('Pârsheni 'tikwitschki)* – gebratene Zucchini mit Dressing aus Joghurt und Knoblauch.

Миш-маш *('Misch-'masch)* – Rührei mit Käse, Paprikaschoten und geschnittenen Tomaten.

HAUPTGERICHTE

Гювеч *(Gju'wetsch)* – im Tontopf gebackenes Gemüsegericht aus geschnittenen Kartoffeln, Tomaten, Auberginen, Erbsen, Karotten und anderem frischem Gemüse, mit getrockneten Kräutern und Pfeffer gewürzt.

Кавърма *(Kawâr'ma)* – im Tontopf geschmortes Schweine – oder Lammfleisch mit Zwiebeln, Champignons, Tomaten, manchmal auch mit scharfem Paprika.

Кюфте *(Kjuf'te)* – auf dem Rost gebratene Klöße aus Schweine- und Kalbshackfleisch und klein geschnittenen Zwiebeln.

Überblick über die Speisekarte

КЕБАПЧЕ *(KE'BAPTSCHE)* – länglicher Kloß aus Hackfleisch.

МУСАКА *(MUβA'KA)* – im Backrohr gebackenes Gericht aus Schweine- oder Kalbshackfleisch, klein geschnittenen Kartoffeln, Petersilie, Pfeffer und Salz, übergossen mit Eiern und Joghurt.

ДРОБ САРМА *(DROP SAR'MA)* – aus klein gehackter und gekochter Lammleber, Reis und Zwiebeln zubereitetes Gericht, übergossen mit Eiern und Milch.

NACHSPEISEN

БАКЛАВА *(BAKLA'WA)* – in Zuckersirup getränktes Gebäck aus Teigblättern, Nüssen, Butter und Zimt.

ХАЛВА *(HAL'WA)* – Süßware aus Butter, Zucker, gerösteten Sesamsamen, Nüssen und Wasser.

КРЕМ КАРАМЕЛ *(KREM KARA'MEL)* – Süßspeise aus Eiern, Milch und Karamelzucker, die in eine Form gefüllt und nach dem Backen auf einen Teller gestürzt wird.

КИСЕЛО МЛЯКО С ГОРСКИ ПЛОДОВЕ *('KIβELO 'MLJAKO β 'GORβKI PLODO'WE)* – gezuckerter Joghurt, garniert mit Wildfrüchten.

BROT	CHLJAP	ХЛЯБ
Roggenbrot	'râshen chljap	ръжен хляб *m*
Vollkornbrot	pâlno'zârneßt chljap	пълнозърнест хляб *m*

SUPPEN	'ßUPI	СУПИ
Bohnensuppe	bop tschor'ba	боб чорба *f*
Champignonsuppe	'ßupa ot 'gâbi	супа *f* от гъби
Cremesuppe	krem 'ßupa	крем супа *f*
Fischsuppe	'ribena tschor'ba	рибена чорба *f*
Fleckensuppe	schkem'be tschor'ba	шкембе чорба *f*
Gemüsesuppe	zelen'tschukowa 'ßupa	зеленчукова супа *f*
Hühnersuppe	'pileschka 'ßupa	пилешка супа *f*

GEMÜSE	ZELEN'TSCHUTSI	ЗЕЛЕНЧУЦИ
Aubergine	patla'dshan	патладжан *m*
grüner Salat	ma'rulja	маруля *f*
Gurke	'kraßtawitsa	краставица *f*
Karotte	'morkof	морков *m*
Kartoffel	kar'tof	картоф *m*
Knoblauch	'tscheßân	чесън *m*
Kohl	'zele	зеле *n*
Paprikaschote	'tschuschka	чушка *f*
Porree	praß	праз *m*
Radieschen	'repitschka	репичка *f*
Rosenkohl	'brjukßelßko 'zele	брюкселско зеле *n*
Rübe	tswek'lo	цвекло *n*
Sellerie	'tselina	целина *f*
Spinat	ßpa'nak	спанак *m*
Tomate	do'mat	домат *m*
Zucchini	'tikwitschki	тиквички
Zwiebel	luk	лук *m*

OBST	PLODO'WE	ПЛОДОВЕ
Ananas	*ana'naß*	ананас *m*
Apfel	*'jabâlka*	ябълка *f*
Aprikose	*kaj'ßija*	кайсия *f*
Banane	*ba'nan*	банан *m*
Birne	*'kruscha*	круша *f*
Brombeere	*kâ'pina*	къпина *f*
Erdbeere	*'jagoda*	ягода *f*
Erdnüsse	*fâß'tâtsi*	фъстъци
Feige	*ßmo'kinja*	смокиня *f*
Grapefruit	*'grejpfrut*	грейпфрут *m*
Haselnüsse	*'leschnitsi*	лешници
Heidelbeere	*boro'winka*	боровинка *f*
Himbeere	*ma'lina*	малина *f*
Kirsche	*tsche'rescha*	череша *f*
Mandeln	*ba'demi*	бадеми
Mandarine	*manda'rina*	мандарина *f*
Nüsse/Walnüsse	*'orechi*	орехи
Orange	*porto'kal*	портокал *m*
Pfirsich	*'praßkowa*	праскова *f*
Pflaume	*'ßliwa*	слива *f*
Quitte	*'djulja*	дюля *f*
Rosinen	*ßta'fidi*	стафиди
Sauerkirsche	*'wischna*	вишна *f*
Wassermelone	*'dinja*	диня *f*
Weintrauben	*'grozde*	грозде *n*
Zitrone	*li'mon*	лимон *m*
Zuckermelone	*'pâpesch*	пъпеш *m*

HÜLSEN-FRÜCHTE	'BOBOWI RAß'TENIJA	БОБОВИ РАСТЕНИЯ
Erbsen	*grach*	грах *m*
grüne Bohnen	*se'len fa'ßul*	зелен фасул *m*

NAHRUNG

| Linsen | 'leschta | леща *f* |
| weiße Bohnen | bjal bop | бял боб *m* |

KÄSE UND NACHSPEISEN
ßIRE'NA I DE'ßERTI
СИРЕНА И ДЕСЕРТИ

Bonbon	bon'bon	бонбон *m*
Eierkuchen mit Honig und Nüssen	pala'tschinka ß met i 'orechi	палачинка *f* с мед и орехи
Eierkuchen mit Weißkäse	pala'tschinka ßâß 'ßirene	палачинка *f* със сирене
Eierkuchen mit Schokolade	pala'tschinka ß schoko'lat	палачинка *f* с шоколад
Eis	ßlado'let	сладолед *m*
Honig	met	мед *m*
Käse	kaschka'wal	кашкавал *m*
Kuchen	keks, ßlat'kisch	кекс *m*, сладкиш *m*
Pudding	krem	крем *m*
Quark	iz'wara	извара *f*
Weißkäse/Salzakenkäse	'ßirene	сирене *n*
Torte	'torta	торта *f*

FISCH
'RIBA
РИБА

Fisch vom Grill	'riba na 'ßkara	риба *f* на скара
Forelle	pâß'târwa	пъстърва *f*
Garnele	ßka'rida	скарида *f*
gebratener Fisch	'pârshena 'riba	пържена риба *f*
geräucherter Fisch	'puschena 'riba	пушена риба *f*
Hai	a'kula	акула *f*
Hering	'heringa	херинга *f*
Hummer	o'mar	омар *m*
Karpfen	scha'ran	шаран *m*
Krebs/Krabbe	rak	рак *m*
Lachs	'ßjomga	сьомга *f*

NAHRUNG

Makrele	ßkum'rija	скумрия *f*
Scholle	kal'kan	калкан *m*
Sprotte	'tsatsa	цаца *f*
Thunfisch	'riba ton	риба *f* тон
Tintenfisch	okto'pot	октопод *m*
Zander	'bjala 'riba	бяла риба *f*

FLEISCH UND WILD	*ME'ßO I 'DIWETSCH*	МЕСО И ДИВЕЧ
Ente	'patitsa	патица *f*
Filet	fi'le	филе *n*
Fleischklöße	kjuf'teta	кюфтета
Hackfleisch	kaj'ma	кайма *f*
Hirn	'mosâk	мозък *m*
Hirsch	e'len	елен *m*
Huhn	ko'koschka	кокошка *f*
Hühnerfleisch	'pileschko	пилешко *n*
Hühnerleber	'pileschki drop	пилешки дроб *m*
Kalbfleisch	'teleschko	телешко *n*
Lammfleisch	'agneschko	агнешко *n*
Lendenstück	'ribitsa	рибица *f*
Pute	'pujka	пуйка *f*
Rebhuhn	'jarebitsa	яребица *f*
Reh	ßâr'na	сърна *f*
Rindfleisch	go'weshdo	говеждо *n*
Rippenstück	ka're	каре *n*
Schnitzel	'schnitsel	шницел *m*
Schweinefleisch	'ßwinßko	свинско *n*
Schweinskeule	'ßwinßki but	свински бут *m*
Schweinekotelett	'ßwinßka pâr'shola	свинска пържола *f*
Schweineleber	'ßwinßki drop	свински дроб *m*
Wildhase	diw 'zaek	див заек *m*
Zunge	e'zik	език *m*

GETRÄNKE

НАПИТКИ

WASSER	WO'DA	ВОДА
Leitungswasser	*tschesch'mjana*	чешмяна
Mineralwasser	*mine'ralna*	минерална
Sodawasser	*ga'zirana*	газирана

KAFFEE	KA'FE	КАФЕ
Espresso	*eß'preßo*	еспресо *n*
Instantkaffee	*'neßka'fe*	нескафе *n*
koffeinfrei	*beß kofe'in*	без кофеин
dünn	*'dâlgo*	дълго
stark	*'kâßo*	късо
schwarz	*bez 'mljako*	без мляко
mit Milch	*ß 'mljako*	с мляко
mit Sahne	*ßâß ßme'tana*	със сметана
mit Zucker	*ßâß 'zachar*	със захар
ohne Zucker	*bez 'zachar*	без захар

GETRÄNKE

TEE	*TSCHAJ*	ЧАЙ
grüner Tee	*ze'len tschaj*	зелен чай *m*
schwarzer Tee	*'tscheren tschaj*	черен чай *m*
Kräutertee	*'bilkof tschaj*	билков чай *m*
mit Honig	*ß met*	с мед
mit Zitrone	*ß li'mon*	с лимон
mit Milch	*ß 'mljako*	с мляко

ALKOHOLFREIE GETRÄNKE	*BEZALKO'HOLNI NA'PITKI*	БЕЗАЛКОХОЛНИ НАПИТКИ
Eiran/verdünnte Sauermilch	*aj'rjan*	айрян *m*
Cappuccino	*kapu'tschino*	капучино *n*
frisch gepresster Fruchtsaft	*fresch*	фреш *m*
heiße Schokolade	*go'rescht schoko'lat*	горещ шоколад *m*
Saft	*ßok*	сок *m*
Milch	*'mljako*	мляко *n*
Bosa *(Getränk aus vergorener Hirse)*	*bo'za*	боза *f*

BIER	*'BIRA*	БИРА
dunkel	*'tâmna*	тъмна
hell	*'ßwetla*	светла
vom Faß	*na'liwna*	наливна

GETRÄNKE

WEIN	'WINO	ВИНО
Rotwein	tscher'weno 'wino	червено вино *n*
Weißwein	'bjalo 'wino	бяло вино *n*
Champagner	scham'panßko	шампанско *n*
Rosé	ro'ze	розе *n*
trockener Wein	'ßucho 'wino	сухо вино *n*
halbtrockener Wein	po'lu'ßucho 'wino	полусухо вино *n*
gekühlt	ochla'deno	охладено

SPIRITUOSEN	ALKO'HOLNI NA'PITKI	АЛКОХОЛНИ НАПИТКИ
Anisschnaps/Mastika	maß'tika	мастика *f*
Gin	dshin	джин *m*
Kognak	ko'njak	коняк *m*
Rum	rom	ром *m*
Tequila	te'kila	текила *f*
Whisky	u'ißki	уиски *n*
Wodka	'votka	водка *f*

GETRÄNKE

RICHTUNGEN	*Po'ßokı*	ПОСОКИ
Fahren Sie	*'Karajte*	Карайте
nordwärts/	*na 'ßewer/*	на север/
südwärts/	*na juk/*	на юг/
ostwärts/	*na 'ißtok/*	на изток/
westwärts.	*na 'zapat.*	на запад.
Gehen Sie	*Wâr'wete*	Вървете
immer geradeaus/	*ße na'prawo/*	все направо/
bis zur nächsten	*do 'ßledwaschtija*	до следващия
Verkehrsampel/	*ßweto'far/*	светофар/
bis zur ersten	*do 'pârwata*	до първата
Querstraße.	*pre'ßetschka.*	пресечка.
Biegen Sie	*Za'wijte*	Завийте
nach links/	*na'ljawo/*	наляво/
nach rechts/	*na'djaßno/*	надясно/
an der Kreuzung ab.	*na krâs'towischteto.*	на кръстовището.
hinter/vor	*zat/pret*	зад/пред
nah/weit	*'blizo/da'letsch*	близо/далеч
ganz in der Nähe	*ßâf'ßem na'blizo*	съвсем наблизо
neben/gegenüber	*do/ßre'schtu*	до/срещу

76

AUFSCHRIFTEN	'NATPIβI	НАДПИСИ
Geschlossen	Zat'woreno	Затворено
Eingang	Fchot	Вход
Ausgang	'Ißchot	Изход
Auskunft	Infor'matsija	Информация
Keine Plätze frei	'Njamaβwo'bodni meß'ta	Няма свободни места
Geöffnet	Ot'woreno	Отворено
Polizeiamt	Poli'tsejßko upraw'lenije	Полицейско управление
Verboten	Zabra'neno	Забранено
Straße/Boulevard/ Platz	'Ulitsa/Bule'wart/ Plo'schtat	Ул./Бул./ Пл.
WC	Toa'letni	Тоалетни
Männer	Mâ'she	Мъже
Damen	She'ni	Жени

NOTFÄLLE	'βPESCHNI 'βLUTSCHAI	СПЕШНИ СЛУЧАИ
Hilfe!	'Pomoscht!	Помощ!
Feuer! Rufen Sie die Feuerwehr!	Po'shar! Po'wikajte po'sharnata!	Пожар! Повикайте пожарната!
Rufen Sie einen Arzt!	Po'wikajte 'lekar!	Повикайте лекар!
Rufen Sie die Ambulanz!	Po'wikajte li'nejka!	Повикайте линейка!
Rufen Sie die Polizei!	Po'wikajte po'litsijata!	Повикайте полицията!

| Geh weg! | *'Machaj ße!* | Махай се! |
| Ich habe mich verirrt! | *Za'gubich ße!* | Загубих се! |

EINKAUFEN	*PAZA'RUWANE*	**ПАЗАРУВАНЕ**
Wo kann ich … kaufen?	*Otkâ'de 'moga da 'kupja...?*	Откъде мога да купя...?

Gibt es in der Nähe
  einen Antiquitätenladen/
  ein Kleinkindgeschäft/
  eine Buchhandlung/
  ein Geschäft
    für Kleidung/
	*'Ima li nab'lizo
	antik'waren maga'zin/
	'bebeschki maga'zin/
	kni'sharnitsa
	maga'zin za oblek'lo/*
		Има ли наблизо
		антикварен магазин/
		бебешки магазин/
		книжарница/
		магазин за облекло/

ein Warenhaus/
  ein Blumengeschäft/
  ein Juweliergeschäft/
  einen Gemüsemarkt/
  ein Musikgeschäft/
  einen Zeitungskiosk/
  eine Parfümerie/
  eine Apotheke/
  ein Fotoatelier/
  ein Schuhgeschäft?
	*uniwer'ßalen maga'zin/
	tswe'tarßki maga'zin/
	zla'tarßko ateli'e
	zelen'tschukof pa'zar/
	muzi'kalen maga'zin/
	'butka za 'weßtnitsi
	parfju'merija/
	ap'teka
	foto'grafßko ateli'je
	maga'zin za o'bufki?*
		универсален магазин/
		цветарски магазин/
		златарско ателие/
		зеленчуков пазар/
		музикален магазин/
		будка за вестници/
		парфюмерия/
		аптека/
		фотографско ателие/
		магазин за обувки?

Ich möchte mich nur umschauen.	*'ßamo 'gledam.*	Само гледам.
Was kostet es?	*'Kolko 'ßtruwa?*	Колко струва?
Was macht das in Dollar/Euro aus?	*'Kolko 'ßtruwa to'wa w 'dolari/'ewro?*	Колко струва това в долари/евро?

Es ist mir zu teuer.	'Mnogo e 'ßkâpo.	Много е скъпо.
Haben Sie etwas Preiswerteres?	'Imate li 'neschto 'po-'eftino?	Имате ли нещо по-евтино?
Bitte, schreiben Sie mir den Preis auf.	Napi'schete mi tse'nata, 'molja.	Напишете ми цената, моля.

SOUVENIRS · *ßUWE'NIRI* · СУВЕНИРИ

Ich möchte ein Souvenir kaufen.	'Ißkam da 'kupja ßuwe'nir.	Искам да купя сувенир.
Ich suche etwas Typisches aus die Region/etwas typisch Bulgarisches.	'Târßja (da 'kupja) 'neschto ti'pitschno za 'tozi kraj/ za Bäl'garija.	Търся (да купя) нещо типично за този край/ за България.
Was kostet es?	'Kolko 'ßtruwa?	Колко струва?

HANDWERK · *ZANA'JATI* · ЗАНАЯТИ

Geldtasche	portmo'ne	портмоне n
Glas	ßtâk'lo	стъкло n
Keramik	ke'ramika	керамика f
Kristall	kriß'tal	кристал m
Porzellan	portse'lan	порцелан m
Schüssel	'kupa	купа f
Spitze	dan'tela	дантела f
Stickerei	bro'derija	бродерия f
Vase	'waza	ваза f

IN DER STADT

KLEIDUNG	*OBLEK'LO*	ОБЛЕКЛО
Ich suche ...	*'Târßja...*	Търся...
Ich habe Größe ...	*'Noßja raz'mer...*	Нося размер...
Darf ich es sehen?	*'Moshe li da 'widja to'wa?*	Може ли да видя това?
Darf ich es anprobieren?	*'Moga li da go 'probwam?*	Мога ли да го пробвам?
Wo ist die Anprobier-kabine?	*Kâ'de e 'probnata?*	Къде е пробната?
Haben Sie es größer/ kleiner?	*'Imate li 'po-go'ljam/ 'po-'malâk raz'mer?*	Имате ли по-голям/ по-малък размер?
Haben Sie es in einer anderen Farbe?	*'Imate li to'wa w druk tswjat?*	Имате ли това в друг цвят?
Ich kaufe es.	*Schte go 'wzema.*	Ще го взема.
Anzug/Kostüm	*koß'tjum*	костюм *m*
Badeanzug	*'banßki (koß'tjum)*	бански (костюм) *m*
Hemd	*'riza*	риза *f*
Hose	*panta'lon*	панталон *m*
Jacke	*'jake*	яке *n*
Jeans	*'dshinßi/'dânki*	джинси/дънки *pl*
Kleid	*'roklja*	рокля *f*
Kniestrümpfe	*tri 'tschetwârti tscho'rapi*	три четвърти чорапи
Krawatte	*wrato'wrâßka*	вратовръзка *f*
Mantel	*pal'to*	палто *n*
Rock	*po'la*	пола *f*
Sakko	*ßa'ko*	сако *n*

Socken	'kâßi tscho'rapi	къси чорапи
Strümpfe	('dâlgi) tscho'rapi	(дълги) чорапи
Strumpfhose	tschorapo'gaschtnik	чорапогащник *m*
T-Shirt	'tenißka	тениска *f*
Trainingsanzug	'antsuk	анцуг *m*
Unterwäsche	be'ljo	бельо *n*

MAßE	RAZ'MERI	РАЗМЕРИ
groß	go'ljam	голям
klein	'malâk	малък
eng	'teßen	тесен
weit	shi'rok	широк
kurz	kâß	къс
lang	'dâlâk	дълъг
ein bisschen ...	'malko...	малко...
zu ...	preka'leno...	прекалено...

KLEIDERSTOFFE	MA'TERII	МАТЕРИИ
Baumwolle	pa'muk	памук *m*
Leder	'kosha	кожа *f*
Kunstleder	iß'kußtwena	изкуствена
echtes Leder	eß'teßtwena	естествена
Leinen	len	лен *m*
Nylon	'najlon	найлон *m*
Samt	kadi'fe	кадифе *n*
Seide	kop'rina	коприна *f*
Spitze	dan'tela	дантела *f*
Velours	we'lur	велур *m*
Wolle	'wâlna	вълна *f*

6*

FARBEN	*TSWETO'WE*	ЦВЕТОВЕ
beige	*'beshof*	бежов
blau	*ßin*	син
braun	*ka'fjaf*	кафяв
dunkel	*'tâmen*	тъмен
gelb	*shâlt*	жълт
grau	*ßif*	сив
grün	*ze'len*	зелен
hell	*'ßwetâl*	светъл
orange	*o'ranshef*	оранжев
rosa	*'rozof*	розов
rot	*tscher'wen*	червен
schwarz	*'tscheren*	черен
violett	*wio'letof*	виолетов
weiß	*bjal*	бял

SCHUHE	*O'BUFKI*	ОБУВКИ
Ich habe Schuhgröße ...	*'Noßja 'nomer...*	Нося номер...
Darf ich die im Schaufenster ausgestellten Schuhe anprobieren?	*'Moshe li da 'probwam o'bufkite ot wit'rinata?*	Може ли да пробвам обувките от витрината?
Ich suche	*'Târßja*	Търся
elegante Schuhe/	*ofitsi'alni o'bufki/*	официални обувки/
Schuhe mit hohen Absätzen/	*o'bufki ß wi'ßok tok/*	обувки с висок ток/
Schuhe mit flachen Absätzen/	*o'bufki ß 'nißâk tok/*	обувки с нисък ток/
Sportschuhe/	*'ßportni o'bufki/*	спортни обувки/

82

Sommerschuhe/	'letni o'bufki/	летни обувки/
Winterschuhe/	'zimni o'bufki/	зимни обувки/
Stiefel/	bo'tuschi/	ботуши/
Badeschuhe/	'dshapanki/	джапанки/
Sandalen/	ßan'dali/	сандали/
Schnürsenkel/	'wrâßki za o'bufki/	връзки за обувки/
Schuhcreme/	bo'ja za o'bufki/	боя за обувки/
Pantoffeln.	pan'tofi.	пантофи.
Haben Sie größer/	'Imate li 'po-go'ljam/	Имате ли по-голям/
kleiner?	'po-'malâk raz'mer?	по-малък размер?
Diese Schuhe	'Tezi ßa mi	Тези са ми
drücken mich/	'malko 'teßni/	малко тесни/
sind etwas zu weit/	'malko schi'roki/	малко широки/
sind etwas zu groß/	'malko go'lemi/	малко големи/
sind zu klein.	'malki.	малки.

FOTOGRAFIE	FOTO'GRAFIJA	ФОТОГРАФИЯ
Ich möchte diesen Film entwickeln lassen.	'Ißkam da pro'jawja 'tozi film.	Искам да проявя този филм.
Wann wird er fertig?	Ko'ga schte 'bâde go'tof?	Кога ще бъде готов?
Ich möchte einen Farbfim mit vierundzwanzig/ sechsunddreißig Aufnahmen.	'Ißkam 'tsweten film ß 'dwajßet i 'tschetiri/ 'trijßet i scheßt 'pozi.	Искам цветен филм с двадесет и четири/ тридесет и шест пози.

Aufnahme	*'poza*	поза *f*
Blitzlicht	*ßwet'kawitsa*	светкавица *f*
Digitalkamera	*digi'talen 'fotoapa'rat*	дигитален фотоапарат *m*
Entwicklung	*proja'wjawane*	проявяване *n*
Farbfilm	*'tsweten film*	цветен филм *m*
Format	*for'mat*	формат *m*
Foto	*'ßnimka*	снимка *f*
Fotoapparat	*'fotoapa'rat*	фотоапарат *m*
Kopie	*'kopie*	копие *n*
Negativ	*nega'tif*	негатив *m*
Schwarz-Weiß-Film	*'tscherno-'bjal film*	черно-бял филм *m*

SCHMUCK	*BI'SHUTA*	БИЖУТА
Armband	*'griwna*	гривна *f*
Bernstein	*kechli'bar*	кехлибар *m*
Edelstein	*ßkâpo'tsenen 'kamâk*	скъпоценен камък *m*
Gold	*'zlato*	злато *n*
Halskette	*koli'e*	колие *n*
Ohrringe	*obe'tsi*	обеци
Perle	*'perla*	перла *f*
Platin	*pla'tina*	платина *f*
Ring	*'prâßten*	пръстен *m*
Silber	*ßreb'ro*	сребро *n*

TOILETTEN-ARTIKEL	*TOA'LETNI PRINAD'LESHNOßTI*	ТОАЛЕТНИ ПРИНАДЛЕЖНОСТИ
Badeschwamm	*'gâba za 'banja*	гъба *f* за баня
(Damen-)Binden	*'damßki prew'râßki*	дамски превръзки
Duschbad/Duschgel	*'duschgel*	душгел *m*
Gesichtscreme	*krem za li'tse*	крем *m* за лице

Haarbürste	'tschetka za ko'ßa	четка f за коса
Handcreme	krem za râ'tse	крем m за ръце
Kamm	'greben	гребен m
Kölnischwasser	odeko'lon	одеколон m
Körperlotion	loßi'on za 'tjalo	лосион m за тяло
Nagellackentferner	lakotschiß'titel	лакочистител m
Pflegespülung	bal'ßam za ko'ßa	балсам m за коса
Rasierapparat	ßamobrâß'natschka	самобръсначка f
Rasierklinge	'noschtscheza 'brâßnene	ножче n за бръснене
Rasierpinsel	'tschetka za 'brâßnene	четка f за бръснене
Rasierschaum	'pjana za 'brâßnene	пяна f за бръснене
Rasierwasser	'aftârschejf	афтършейв m
Reinigungsmilch	toa'letno 'mljako	тоалетно мляко n
Seife	ßa'pun	сапун m
Shampoo	schampo'an	шампоан m
Sonnenmilch	'plashno 'mljako	плажно мляко n
Sonnenschutzöl	'plashno maß'lo	плажно масло n
Tampons	tam'poni	тампони
Toilettenpapier	toa'letna har'tija	тоалетна хартия f
Zahnbürste	'tschetka za 'zâbi	четка f за зъби
Zahnpaste	paßta za 'zâbi	паста f за зъби

FÜR DAS BABY	ZA 'BEBETO	ЗА БЕБЕТО
Babynahrung	chra'na za 'bebeta	храна f за бебета
Babypuder	'bebeschka 'pudra	бебешка пудра f
Babyseife	'bebeschki ßa'pun	бебешки сапун m
Babyshampoo	'bebeschki schampo'an	бебешки шампоан m
Babytopf	'bebeschko gâr'ne	бебешко гърне n
Lätzchen	'ligawnik	лигавник m
Milchflasche	schi'sche za 'mljako	шише n за мляко
Pampers/Windelhöschen	'pamperßi	памперси
Schnuller	bibe'ron	биберон m

GEDRUCKTES	PE'TSCHATNI PROIZWE'DENIJA	ПЕЧАТНИ ПРОИЗВЕДЕНИЯ
Verkaufen Sie deutsch-sprachige Zeitungen/Zeitschriften?	Pro'dawate li 'nemßki 'weßtnitsi/ ßpi'ßanija?	Продавате ли немски вестници/списания?
Haben Sie ein deutsch-bulgarisches Wörterbuch?	'Imate li 'nemßko-'bâlgarßki 'retschnik?	Имате ли немско-български речник?
Haben Sie eine Straßen-karte Bulgariens auf Deutsch?	'Imate li 'pâtna 'karta na Bâl'garija na 'nemßki?	Имате ли пътна карта на България на немски?
Verkaufen Sie deutsch-sprachige Bücher?	Pro'dawate li 'nemßki 'knigi?	Продавате ли немски книги?
Briefmarke	'poschtenßka 'marka	пощенска марка f
Briefumschlag	plik za piß'mo	плик m за писмо
Buch	'kniga	книга f
Kriminalroman	krimi'nalen ro'man	криминален роман m
Liebesroman	lju'bowen ro'man	любовен роман m
Reiseführer	pâtewo'ditel	пътеводител m
Science-Fiction-Literatur	na'utschna fan'taßtika	научна фантастика f
Straßenkarte	'pâtna 'karta	пътна карта f
Thriller	'trilâr	трилър m
Wörterbuch	'retschnik	речник m
Zeitschrift	ßpi'ßanije	списание n
Zeitung	'weßtnik	вестник m

TABAKLADEN	MAGA'ZIN ZA TSI'GARI	МАГАЗИН ЗА ЦИГАРИ
Eine Packung/Schachtel Zigaretten, bitte.	Pa'ket/ku'tija tsi'gari, 'molja.	Пакет/кутия цигари, моля.
Haben Sie leichtere Zigaretten?	'Imate li 'po-'leki tsi'gari?	Имате ли по-леки цигари?
Feuerzeug	za'palka	запалка f
Pfeife	lu'la	лула f
Streichhölzer	kib'rit	кибрит m
Tabak	tju'tjun	тютюн m
Zigarre	'pura	пура f

Post

*Wenn Sie die öffentlichen Fernsprechapparate nutzen, empfiehlt es sich, sowohl eine **Betcom**-Telefonkarte (für die blauen Fernsprechapparate) als auch eine **Bulfon**-Telefonkarte (für die orangen Fernsprechapparate) zu kaufen. Telefonkarten sind auf den Postämtern, im Bahnhof, an den Bushaltestellen oder im Zeitungskiosk erhältlich.*

*Zurzeit gibt es in Bulgarien zwei Mobilfunk-anbieter: **Globul** und **M-tel**. Die Reichweite wird immer größer.*

Ich möchte	'Ißkam da iß'pratja	Искам да изпратя
ein Fax/	fakß/	факс/
einen Brief/	piß'mo/	писмо/
ein Paket/	ko'let/	колет/
eine Postkarte	'poschtenßka	пощенска

IN DER STADT

87

abschicken/ ein Telegramm aufgeben.	*'kartitschka/ tele'grama.*	картичка/ телеграма.
Was kostet die Postkarte?	*'Kolko 'ßtruwa 'kartitschkata?*	Колко струва картичката?
Ich möchte nach ... telefonieren.	*'Ißkam da ße o'badja do...*	Искам да се обадя до...
Die Rufnummer ist...	*'Nomera e...*	Номерът е...
Es ist besetzt.	*'Nomera 'dawa za'eto.*	Номерът дава заето.
Die Leitung ist unterbrochen.	*'Linijata pre'kâßna.*	Линията прекъсна.

GEBRÄUCHLICHE WÖRTER	*'TSCHEßTO UPOTRE'BJAWANI 'DUMI*	ЧЕСТО УПОТРЕБЯВАНИ ДУМИ
Anrufbeantworter	*tele'fonenßekre'tar*	телефонен секретар *m*
Auslandgespräch	*'razgowor ß tschush'bina*	разговор *m* с чужбина
Briefkasten	*'poschtenßka ku'tija*	пощенска кутия *f*
Briefumschlag	*plik za piß'mo*	плик *m* за писмо
Einschreiben	*prepo'râtschana 'poschta*	препоръчана поща *f*
Ferngespräch	*iz'wân'gratski 'razgowor*	извънградски разговор *m*
Kartentelefon	*fono'karten apa'rat*	фонокартен апарат *m*
Luftpost	*wâz'duschna 'poschta*	въздушна поща *f*
Normalpost	*obikno'wena 'poschta*	обикновена поща *f*
R-Gespräch	*'razgowor za 'tschushda 'ßmetka*	разговор *m* за чужда сметка
Telefonkarte	*fono'karta*	фонокарта *f*

KULTURELLES

КУЛТУРЕН ЖИВОТ

SEHENSWÜR-DIGKEITEN	*ZABELE'SHITEL-NOßTI*	ЗАБЕЛЕЖИТЕЛ-НОСТИ
Gibt es in der Nähe Sehenswürdigkeiten?	*'Ima li na'blizo zabele'shitelnoßti?*	Има ли наблизо забележителности?
Welche sind die wichtigsten Sehenswürdigkeiten?	*Ko'i ßa 'glawnite zabele'shitelnoßti?*	Кои са главните забележителности?
Wo ist ...?	*Kâ'de ße na'mira...?*	Къде се намира...?
Würden Sie es mir bitte auf dem Stadtplan zeigen?	*'Bichte li mi po'kazali na 'kartata?*	Бихте ли ми показали на картата?
Kann ich dorthin zu Fuß gehen?	*'Moga li da 'ßtigna pe'scha?*	Мога ли да стигна пеша?
Wann wird ... geöffnet?	*Ko'ga ot'warja...?*	Кога отваря...?
Was kostet die Eintrittskarte für das Museum?	*'Kolko 'ßtruwa 'fchoda za mu'zeja?*	Колко струва входът за музея?

Welches Gebäude ist das?	*Kak'wa e 'tazi 'zgrada?*	Каква е тази сграда?
Wie alt ist es?	*Na 'kolko go'dini e?*	На колко години е?
Darf ich Fotos machen?	*'Moga li da 'prawja 'ßnimki?*	Мога ли да правя снимки?
Gibt es einen Deutsch sprechenden Reiseleiter?	*'Ima li ekßkurzo'wot na 'nemßki?*	Има ли екскурзовод на немски?

KULTURELLES

KUNST | ## *Iß'kußtwo* | ## ИЗКУСТВО

Amphitheater	*amfite'atâr*	амфитеатър *m*
Ausstellung	*iz'loshba*	изложба *f*
Denkmal	*'pametnik*	паметник *m*
Dom	*kate'drala*	катедрала *f*
Festung	*'krepoßt*	крепост *f*
Gemäldegalerie	*kar'tinna ga'lerija*	картинна галерия *f*
Ikone	*i'kona*	икона *f*
Ikonostas	*ikono'ßtaß*	иконостас *m*
Kapelle	*pa'rakliß*	параклис *m*
Kirche	*'tsârkwa, 'tscherkwa*	църква *f*, черква *f*
katholische	*kato'litscheßka*	католическа
orthodoxe	*prawo'ßlawna*	православна
Kloster	*manaß'tir*	манастир *m*
Konzertsaal	*kon'tsertna 'zala*	концертна зала *f*
Moschee	*dsha'mija*	джамия *f*
Museum	*mu'zej*	музей *m*
Palast	*dwo'rets*	дворец *m*
Skulptur	*ßkulp'tura*	скулптура *f*

MUSIK	'MUZIKA	МУЗИКА
Hörst du gern Musik?	*O'bitschasch li da 'ßluschasch 'muzika?*	Обичаш ли да слушаш музика?
Was für Musik hörst du gern?	*Kak'wa 'muzika pretpo'tschitasch?*	Каква музика предпочиташ?
Welche ist deine Lieblingsgruppe?	*Ko'ja e lju'bimata ti 'grupa?*	Коя е любимата ти група?
Ich möchte authentische bulgarische Volksmusik kaufen.	*'Ißkam da 'kupja aften'titschna 'bâlgarßka na'rodna 'muzika.*	Искам да купя автентична българска народна музика.
Haben Sie das letzte Album von ...?	*'Imate li poß'lednya al'bum na...?*	Имате ли последния албум на...?

GEBRÄUCHLICHE WÖRTER	'TSCHEßTO UPOTRE'BJAWANI 'DUMI	ЧЕСТО УПОТРЕБЯВАНИ ДУМИ
Aufführung	*pretstaw'lenije*	представление *n*
Diskomusik	*'dißko('muzika)*	диско (музика *f*)
Gruppe	*'grupa*	група *f*
Jazz	*dshaß*	джаз *m*
Konzert	*kon'tsert*	концерт *m*
Konzertsaal	*kon'tsertna 'zala*	концертна зала *f*
Lied	*'peßen*	песен *f*
Oper	*'opera*	опера *f*

KULTURELLES

91

German	Transcription	Bulgarian
Orchester	or'keßtâr	оркестър *m*
Rockmusik	rok	рок *m*
Sänger/Sängerin	pe'wets/pe'witsa	певец/певица
Volksmusik	na'rodna 'muzika	народна музика *f*

KINO UND THEATER	'KINO I TE'ATÂR	КИНО И ТЕАТЪР
Was wird diese Woche im Kino gespielt?	Kak'wo 'dawat po ki'nata 'tazi 'ßedmitsa?	Какво дават по кината тази седмица?
Was für ein Film ist das?	Ka'kâf e 'filma?	Какъв е филмът?
Wann beginnt der Film?	Ko'ga za'potschwa 'filma?	Кога започва филмът?
Gibt es noch Eintrittskarten?	'Ima li ('oschte) bi'leti za 'filma?	Има ли (още) билети за филма?
Wer spielt die Hauptrolle?	Koj ig'rae w 'glawnata 'rolja?	Кой играе в главната роля?

GEBRÄUCHLICHE WÖRTER	'TSCHEßTO UPOTRE'BJAWANI 'DUMI	ЧЕСТО УПОТРЕБЯВАНИ ДУМИ
Actionfilm	'ekschân (film)	екшън (филм) *m*
Dokumentarfilm	dokumen'talen film	документален филм *m*
Drama	'drama	драма *f*
Filmfestspiele	'filmoffeßti'wal	филмов фестивал *m*

Filmvorführung	*pro'shektsija*	прожекция *f*
Horrorfilm	*film na 'ushaβite*	филм *m* на ужасите
Kino	*'kino*	кино *n*
Kinokasse/Theaterkasse	*bi'letna 'kaβa*	билетна каса *f*
Komödie	*ko'medija*	комедия *f*
Pause	*an'trakt*	антракт *m*
Regisseur	*reshi'βjor*	режисьор *m*
Reihe	*ret*	ред *m*
Schauspieler	*ak'tjor*	актьор *m*
Schauspielerin	*ak'triβa*	актриса *f*
Science-Fiction-Film	*na'utschnofantaβ'tits-chen film*	научнофантасти-чен филм *m*
Sitz	*'mjaβto*	място *n*
Theaterstück	*(tea'tralna) pi'eβa*	(театрална) пиеса *f*
Thriller	*'trilâr*	трилър *m*
Tragödie	*tra'gedija*	трагедия *f*

Nachtleben

Die Gaststätten sind von Monag bis Sonntag in der Regel bis um Mitternacht geöffnet. Für Vergnügungssüchtige gibt es Nachtbars und Nachtlokale, die üblicherweise bis 4.00 Uhr offen sind. In den Großstädten und Kurorten kann man je nach Wunsch in Diskos und Technoklubs tanzen oder in einem Nachtklub ein paar Getränke zu Jazzmusik genießen. Viele Gaststätten – besonders diese an der Küste – bieten den Gästen neben den schmackhaften bulgarischen Nationalgerichten auch ein abwechslungsreiches und sehenswertes Folkloreprogramm.

Ich habe große Lust in eine Bar/ in einen Klub/ in eine Disko zu gehen.	*'Hodi mi ße na bar/ klup/ dißko'teka.*	Ходи ми се на бар/ клуб/ дискотека.
Wo kann ich tanzen?	*Kâ'de 'moga da potan'tsuwam?*	Къде мога да потанцувам?
Ich gebe einen aus.	*Aß 'tscherpja.*	Аз черпя.
Das Gleiche noch einmal, bitte.	*'Oschte ed'no, 'molja.*	Още едно, моля.
Was kostet es?	*'Kolko 'ßtruwa?*	Колко струва?
Darf ich Sie zum Tanz auffordern?	*'Moshe li e'din tants?*	Може ли един танц?

KULTURELLES

ВСРЕД ПРИРОДАТА

Bulgarien bietet zahlreiche Möglichkeiten sowohl für ruhige Ferien als auch für aktive Erholung. Die beliebtesten Urlaubsmonate in Bulgarien sind Juli und August. Immer mehr Urlauber fahren ans Meer, was die Preise in die Höhe treibt. Erholung bieten auch die Luftkurorte und Heibäder Welingrad, Sandanski, Hissarja.

*Eine herrliche Alternative ist der Ökotourismus. Die Wanderungen in Begleitung eines Wanderführers sind für die Touristen ein wahrer Genuss. Wenn Sie sich für eine aktive Erholung entscheiden, können Sie z. B. die **Djavolsko-Gârlo-Höhle** und die **Jagodinska-Höhle** in den Rhodopen sowie die **Magura-Höhle** im Balkangebirge besuchen oder die Vogelscharen am See Srebarna und an der Schwarzmeerküste bewundern. Sie können sogar durch die Stromschnellen des Flusses Iskar rudern. Haben Sie Lust, in den Bergen zu wandern, so werden Sie das Rilagebirge, das Piringebirge, das Balkangebirge und die Rhodopen für immer in Ihr Herz schließen. Machen Sie sich nicht ohne Wanderkarte auf den Weg (Wanderkarten sind im Buchhandel erhältlich).*

IM GEBIRGE	*F PLANI'NATA*	В ПЛАНИНАТА
Gibt es in der Nähe eine Berghütte?	*'Ima li nab'lizo 'chisha?*	Има ли наблизо хижа?
Wie weit ist die nächste Berghütte entfernt?	*'Kolko da'letsch e 'naj-'blißkata 'chisha?*	Колко далеч е най-близката хижа?
Wie lange dauert die Wanderung?	*'Kolko 'dâlâk e 'prechoda?*	Колко дълъг е преходът?
Wo kann ich eine Bergsteigerausrüstung ausleihen?	*Otkâ'de 'moga da na'ema pla'ninßka ekipi'rofka?*	Откъде мога да наема планинска екипировка?
Wohin führt dieser Pfad?	*Nakâ'de 'wodi 'tazi pâ'teka?*	Накъде води тази пътека?
Ich muss ... erreichen.	*'Trjabwa da 'ßtigna do...*	Трябва да стигна до...
Ich habe mich verirrt.	*Iz'gubich ße.*	Изгубих се.
Wann wird es dunkel?	*Ko'ga ße 'ßtâmwa?*	Кога се стъмва?

GEBRÄUCHLICHE WÖRTER	*'TSCHEßTO UPOTRE'BJAWANI 'DUMI*	ЧЕСТО УПОТРЕБЯВАНИ ДУМИ
Anorak	*'anorak*	анорак
Berghütte	*'chisha*	хижа *f*
Bergrettungs- dienst	*pla'ninßka ßpa'ßitelnd 'ßlushba*	планинска спасителна служба *f*
Bergsteigen	*alpi'nizâm*	алпинизъм *m*
Bergwanderer	*plani'nar*	планинар *m*
Felsklettern	*'ßkalno ka'terene*	скално катерене *n*

IN DER NATUR

96

Gipfel	wrâch	връх m
Hausapotheke	ap'tetschka	аптечка f
(Kletter) Seil	(kate'ratschno) wâ'she	(катерачно) въже n
Kompass	kom'paß	компас m
Markierung	marki'rofka	маркировка f
Rucksack	'ranitsa	раница f
Schutzhütte	saß'lon	заслон m
See m	'ezero	езеро n
Taschenlampe	fe'nertsche	фенерче n
Taschenmesser	'dshobno 'noschtsche	джобно ножче n
Wald	go'ra	гора f
Wanderkarte	turiß'titscheßka 'karta	туристическа карта f
Wanderroute	turiß'titscheßki marsch'rut	туристически маршрут m
Wanderschuhe	turiß'titscheßki o'bufki	туристически обувки
Wanderung	'prechot, turiß'ti-tscheßki 'pochot	преход m, туристи-чески поход m
Wanderweg	turiß'titscheßka pâ'teka	туристическа пътека f

CAMPEN — NA 'KÂMPINK — НА КЪМПИНГ

Darf man hier campen?	'Moshe li da ße kâm'pira tuk?	Може ли да се къмпира тук?
Gibt es in der Nähe einen Campingplatz?	'Ima li 'kâmpink nab'lizo?	Има ли къмпинг наблизо?
Was kostet die Nacht/ die Woche pro Kopf?	'Kolko e na tscho'wek za ed'na noscht/ za ed'na 'ßedmitsa?	Колко е на човек за една нощ/ за една седмица?
Darf ich hier Feuer machen?	'Moga li da za'palja tuk 'ogân?	Мога ли да запаля тук огън?

IN DER NATUR

7*

97

Gibt es Trinkwasser?	*'Ima li pi'tejna wo'da?*	Има ли питейна вода?
Wo ist der Duschraum das WC?	*Kâ'de ßa 'duschowete/ e toa'letnata?*	Къде са душовете/ е тоалетната?
Wo kann ich das Zelt aufschlagen?	*Kâ'de 'moga da o'pâna pa'latkata?*	Къде мога да опъна палатката?

GEBRÄUCHLICHE WÖRTER	*'TSCHEßTO UPOTRE'BJAWANI 'DUMI*	ЧЕСТО УПОТРЕБЯВАНИ ДУМИ
Anhänger (Fahrzeug) Duschraum	*remar'ke (pome'schtenijeß) 'duschowe*	ремарке *n* (помещение *n* с) душове
Gasflasche	*'gazowa bu'tilka*	газова бутилка *f*
Gaskocher	*'gazof kot'lon*	газов котлон *m*
Kochgeschirr	*got'warßki 'ßâdowe*	готварски съдове *pl*
Schlafsack	*'ßpalen tschu'wal*	спален чувал *m*
Trinkwasser	*pi'tejna wo'da*	питейна вода *f*
Waschraum	*umi'walnja*	умивалня *f*
WC	*toa'letna*	тоалетна *f*
Wohnwagen	*kara'wana*	каравана *f*
Zelt	*pa'latka*	палатка *f*
pro Kopf	*na tscho'wek*	на човек
für Auto/ Fahrzeug	*na ko'la/ pre'woznoßrets'two*	на кола/ превозно средство *n*
Feuermachen verboten!	*'Paleneto na 'ogân zabra'neno!*	Паленето на огън забранено!
Parken verboten!	*Par'kiraneto zabra'neno!*	Паркирането забранено!

An der Küste	Na 'morßkija brjak	На морския бряг
Wo kann ich einen Sonnenschirm und einen Liegestuhl mieten?	Otkâ'de 'moga da na'ema 'plashen tscha'dâr i schez'lonk?	Откъде мога да наема плажен чадър и шезлонг?
Kann man hier schwimmen?	'Moshe li da ße 'pluwa tuk?	Може ли да се плува тук?
Ist das Schwimmen hier ungefährlich?	Bezo'paßno li e 'pluwaneto tuk?	Безопасно ли е плуването тук?
Was kostet es pro Stunde?	'Kolko 'ßtruwa na tschaß?	Колко струва на час?

Gebräuchliche Wörter	'Tscheßto upotre'bjawani 'dumi	Често употребявани думи
Badeschuhe	'dshapanki	джапанки
Badetuch	haw'lija	хавлия f
Boot	'lotka	лодка f
Rettungsweste	ßpa'ßitelna shi'letka	спасителна жилетка f
Schwimmschwimmer	ßpa'ßitel	спасител m
Sonnenbrille	'ßlântschewi otschi'la	слънчеви очила pl
Sonnenschutzcreme	ßlântseza'schtiten krem	слънцезащитен крем
Umkleidekabine	ßâble'kalnja	съблекалня f
Wasserrad	'wodno kole'lo	водно колело n
Wasserski	'wodni ßki	водни ски pl
Wellen	wâl'ni	вълни

SPORT

СПОРТ

Zu den beliebtesten Sportarten, die im Sommer in Bulgarien ausgeübt werden, gehören Fischen, Schwimmen, Tauchen und Tennis. Die malerischen Küstenstreifen können auch anspruchsvolle Touristen und Sportliebhaber zufrieden stellen. Es gibt viele Windsurf-, Kitesurf- und Wasserskischulen, wo man sich zu einem Kurs anmelden kann.

Die Höhenkurorte Pamporowo in den Rhodopen, Borovec im Rilagebirge und Bansko im Piringebirge bieten ausgezeichnete Voraussetzungen zum Wintersport.

Gibt es heute ein Fußballspiel?	'Ima li dneß 'fudbolen matsch?	Има ли днес футболен мач?
Wer spielt?	Koj ig'rae?	Кой играе?
Wo ist das Stadion?	Kâ'de e ßtadi'ona?	Къде е стадионът?
Um wie viel Uhr beginnt das Spiel?	F 'kolko tscha'ßa za'potschwa 'matscha?	В колко часа започва мачът?
Was kostet die Eintrittskarte?	'Kolko 'ßtruwa bi'leta?	Колко струва билетът?

German	Pronunciation	Bulgarian
Gibt es in der Nähe ein Schwimmbad/ einen Tennisplatz?	*'Ima li nab'lizo 'pluwen ba'ßejn/ 'teniß kort?*	Има ли наблизо плувен басейн/ тенис корт?
Wo kann ich mir Ski/ Skischuhe/ einen Taucheranzug ausleihen?	*Kâ'de 'moga da 'wzema pod 'naem ßki/ ßki o'bufki/ wodo'lazen koß'tjum?*	Къде мога да взема под наем ски/ ски обувки/ водолазен костюм?
Ich möchte mich zu einem Kurs für... zu einem Anfängerkurs/ zu einem Fortgeschrittenenkurs anmelden.	*'Ißkam da ße za'pischa na kurß po... za natschi'naeschti/ za nap'rednali.*	Искам да се запиша на курс по... за начинаещи/ за напреднали.
Kannst du Schach/ Fußball spielen? – Ja, ich kann/sehr gut. – Nein, überhaupt nicht.	*'Moshesch li da ig'raesch schach/fudbol? – Da, 'moga/ 'doßta dob're. – Ne, 'nikak.*	Можеш ли да играеш шах/футбол? – Да, мога/ доста добре. – Не, никак.
Wie sind heute die Schneeverhältnisse?	*Kak'wi ßa 'ßneshnite uß'lowija dneß?*	Какви са снежните условия днес?
Was kostet die Liftkarte für einen Tag/ für eine Woche?	*'Kolko 'ßtruwa 'kartata za lift za e'din den/ za ed'na 'ßedmitsa?*	Колко струва картата за лифт за един ден/ за една седмица?
Ich möchte Skiunterricht nehmen.	*'Ißkam da 'wzema u'rotsi po ßki.*	Искам да вземам уроци по ски.

SPORT

101

| Ab wann ist der Lift in Betrieb? | *Ko'ga 'puẞkat 'lifta?* | Кога пускат лифта? |
| Ist es sehr steil? | *'Mnogo li e 'ẞtrâmno?* | Много ли е стръмно? |

GEBRÄUCHLICHE WÖRTER | *'TSCHEẞTO UPOTRE'BJAWANI 'DUMI* | ЧЕСТО УПОТРЕБЯВАНИ ДУМИ

Athletik	*at'letika*	атлетика *f*
Ball	*'topka*	топка *f*
Basketball	*'baẞketbol*	баскетбол *m*
Bowling	*'boulink*	боулинг *m*
Bungee-Jumping	*'bândski 'ẞkokowe*	бънджи скокове *pl*
Fahrrad	*kole'lo*	колело *n*
Fußball	*'fudbol*	футбол *m*
Gewichtheben	*'wdigane na 'tesheẞti*	вдигане на тежести
Harpune	*har'pun*	харпун *m*
Kitesurfing	*kait'ẞârfink*	кайтсърфинг *m*
Radsport	*kolo'ezdene*	колоездене *n*
Reiten	*ez'da*	езда *f*
Reitsport	*'konen ẞport*	конен спорт *m*
Rudern/Rudersport	*'grebane*	гребане *n*
Schnorchel	*'schnorchel*	шнорхел *m*
Schwimmen	*'pluwane*	плуване *n*
Segeln/Segelsport	*wetro'hotstwo*	ветроходство *n*
Sessellift	*ẞe'dalkof lift*	седалков лифт *m*
Skilift	*ẞki wlek*	ски влек *m*
Spieler	*ig'ratsch*	играч *m*
Surfing	*'ẞârfink*	сърфинг *m*
Tauchsport	*pod'woden sport*	подводен спорт *m*
Tennisschläger	*'teniẞ ra'keta*	тенис ракета *f*
Turnen	*gim'naẞtika*	гимнастика *f*
Wasserspringen	*'ẞkokowe wâw wo'da*	скокове *pl* във вода
Windsurfing	*'uint'ẞârfink*	уиндсърфинг *m*

ПРАЗНИЦИ

Gesetzliche und kirchliche Feiertage

01.01. – Neujahr *('Nowa go'dina)*/Wassiljowden
03.03. – Tag der Befreiung Bulgariens *(Den na Oßwobosh'denijeto na Bâl'garija)*
11. 12.04. – Ostern *(We'likden)*
01.05. – Tag der Arbeit *(Den na tru'dâ)*
06.05. – Tag der Tapferkeit und der bulgarischen Armee *(Den na chrabroß'ta i na 'bâlgarßkata 'armija)*/Gergjowden
24.05. – Tag der bulgarischen Bildung und Kultur und des slawischen Schrifttums *(Den na 'bâlgarßkata 'pißmenoßt)*
06.09. – Tag der Vereinigung *(Den na ßâedi'nenijeto)*
22.09. – Tag der Unabhängigkeit *(Den na Nezawißimoß'ta)*
24.12. – Heiligabend *('Bâdni 'wetscher)*
25.12. – Weihnachten *('Koleda)*

Stand: 2004

KUKEROW DEN – Das altertümliche heidnische Ritual zur Vertreibung böser Geister des Winters wird am Anfang des Frühlings (das Datum wird regional unterschiedlich bestimmt) begangen. Es werden volkstümliche **kukerßki igri** (Kukeri-Spiele) und Festzüge durch das Dorf veranstaltet. Sehenswert sind auch die Umzüge der Männer, die Masken aus Holz, Kostümen aus Fell und Glocken tragen und mit bunten Fäden, Pailetten und Spiegelglasstückchen geschmückt sind.

BABA MARTA – Nach alter Tradition trägt man in Bulgarien am 1. März eine Martenica (rot-weiße Quasten), damit man gesund und munter ist. Die Martenica wird an den Pullover oder an die Jacke gesteckt. Den Kindern und den Jugendlichen bindet man einen rot-weißen Faden um die Hand. Die Martenica wird getragen, bis man den ersten Storch sieht. Dann muss man sie unter einen Stein legen oder an einen Baumzweig binden. Eine Martenica wird immer aus einem roten und einem weißen Faden angefertigt. Sie symbolisiert die Gesundheit und das Glück. Ein alter Volksaberglaube besagt, dass Baba Marta (Oma März) eine jähzornige Alte ist. Jedes Jahr kommt sie im März, um den Winter zu vertreiben. Sie ist launisch wie das Wetter im März, weshalb die Männer diesen Monat als „Frauenmonat" bezeichnen.

OSTERN – An diesem Feiertag grüßen sich die Leute mit den Worten **Chrißtoß woßkreße!** (*„Christus ist auferstanden!"*) und die übliche Antwort lautet **Woißtina woßkreße!** (*„Er ist wahrhaftig auferstanden"*). Nach alter Tradition schlagen die Kinder (und nicht nur sie) die bunten Eier auf. Das Ei, das bis zum Ende unversehrt bleibt, nennt man **borak** (*Kämpfer*). Nach altem Brauch isst man Napfkuchen und Lammbraten.

NIKULDEN (NIKOLAUSTAG) – Nikolaus ist der Schutzheilige von Fischern, Seeleuten und seit kurzem auch von Bankiers. Nikulden ist einer der bedeutendsten Feiertage für die Bulgaren. Nach altem Brauch bereitet man einen mit Zwiebeln und Nüssen gefüllten Karpfen zu.

HEILIGABEND Nach altem Brauch, bei dem sich eine eigenartige Vermischung von heidnischen und christlichen Elementen zeigt, sitzt am Heiligen Abend die ganze Familie um den Tisch herum. Im Haus duftet es nach Weihrauch. Der betörende Duft dient zur Vertreibung böser Geister. Traditionell werden sieben, neun oder elf (allenfalls aber ungerade Zahl) verschiedene fleischlose, hausgemachte Gerichte (*volkstümliches Ritual zur Verehrung der Mutter Gottes*) serviert. Höhepunkt der Feier ist das Ritualrundbrot mit **kâßmeti** (*Glücksbringer*). Der Glückspilz, der die Silbermünze findet, soll viel Glück und Gesundheit im kommenden Jahr haben. Ein wichtiges Symbol des Festes ist **bâdnik** (*Holzklotz*). Brennt der Klotz die ganze Nacht hindurch, so wird das kommende Jahr Gesundheit und Fruchtbarkeit bringen.

*Die üblichen Glückwünsche zu Weihnachten sind **Tscheßtito Roshdeßtwo Chrißtowo!** oder **Tscheßtita Koleda!** ("Frohe Weihnachten!") und **Za mnogo godini** am Anfang des Jahres.*

*Am 1. Januar gehen die Kinder von Haus zu Haus. Sie tragen eine **ßurwatschka** (einen mit Popcorn, getrocknetem Obst, roten Fäden und Baumwolle geschmückten Kornelkirschzweig) bei sich, mit der sie den Hausbewohnern auf den Rücken klopfen. Dabei singen sie Neujahrslieder und wünschen den Gastgebern Glück und Gesundheit. Dafür erhalten die Kinder (die so genannten **ßurwakari**) Obst, Nüsse, Süßigkeiten und ein paar Geldstücke.*

Weihnachtsmann	*'Djado 'Koleda*	Дядо Коледа
Fröhliche Weihnachten!	*'Weßela 'Koleda!*	Весела Коледа!
Prosit Neujahr!	*Za 'mnogo go'dini!*	За много години!
Bleib heil und gesund!	*Da ßi shif i zdraf!*	Да си жив и здрав!

Geburtstag und Namenstag

Die Bulgaren sind herzlich und gastfreundlich. Sie verstehen sich zu unterhalten und nehmen die Geburts- und Namenstage zum Anlass, eine rauschende Party zu veranstalten. Falls Sie zu einer Party eingeladen sind, werden Sie nicht schlecht daran tun, Blumen mitzubringen. Achten Sie darauf, dass die Anzahl der Blumen ungerade ist.

GEBURTSTAG UND NAMENSTAG	*ROSH'DENI I 'IMENI DNI*	РОЖДЕНИ И ИМЕНИ ДНИ
Wann hast du Geburtstag?	*Ko'ga e rosh'denija ti den?*	Кога е рожденият ти ден?
Ich habe am ... Geburtstag.	*'Moja rosh'den den e na...*	Моят рожден ден е на...
Herzlichen Glückwunsch zum Geburtstag!	*Tscheß'tit rosh'den den!*	Честит рожден ден!
Ich gratuliere!	*Pozdraw'lenija!*	Поздравления!
Wann hast du Namenstag?	*Ko'ga e 'imenija ti den?*	Кога е именият ти ден?
Die besten Glückwünsche zum Namenstag!	*Tscheß'tit 'imen den!*	Честит имен ден!
Bleib heil und gesund!	*Da ßi shif i zdraf/ 'shiva i 'zdrava!*	Да си жив и здрав *m*/ жива и здрава *f*!

GEBRÄUCHLICHE WÖRTER	*'TSCHEßTO UPOTRE'BJAWANI 'DUMI*	ЧЕСТО УПОТРЕБЯВАНИ ДУМИ
Geschenk	*po'darâk*	подарък *m*
Jubiläum	*jubi'lej*	юбилей *m*
Kerze	*'ßwescht*	свещ *f*
die Kerzen ausblasen	*'ducham 'ßweschtite*	духам свещите

FESTE

Namensvetter	*a'dasch*	адаш *m*
Taufe	*krâschte'ne*	кръщене *n*
Torte	*'torta*	торта *f*

HOCHZEIT	*'βVADBA*	СВАТБА
Champagner	*scham'panβko*	шампанско *n*
Ehering	*'bratschna hal'ka*	брачна халка *f*
Flitterwochen	*'meden 'meβets*	меден месец *m*
Hochzeit	*'βwadba*	сватба *f*
Hochzeitsfeier	*'βwadbeno târsheβt'wo*	сватбено тържество *n*
Hochzeitsgeschenk	*'βwadben po'darâk*	сватбен подарък *m*
Trauzeuge	*kum*	кум *m*
Verlobung	*go'desch*	годеж *m*

GLÜCKWÜNSCHE	*POSHE'LANIJA*	ПОЖЕЛАНИЯ
Glück Alles!	*Kâβ'met!*	Късмет!
Glückliche Reise!/ Gute Reise!	*Na do'bâr pât!/ Na do'bâr tschaβ!*	На добър път!/ На добър час!
Zum Wohl!	*Na'zdrawe!*	Наздраве!
Bitte, sei vorsichtig!	*Pa'zi βe!*	Пази се!

KONDOLENZ	*βâBOLESNO'WANIJA*	СЪБОЛЕЗНОВАНИЯ
Mein aufrichtiges Beileid!	*'Mojite 'naj-'iβkreni βâbolezno'wanija!*	Моите най-искрени съболезнования!

Gibt es in der Nähe ein Krankenhaus/ eine Zahnarztpraxis?	*'Ima li nab'lizo 'bolnitsa/ zâbo'lekarßki kabi'net?*	Има ли наблизо болница/ зъболекарски кабинет?
Rufen Sie die Ambulanz!	*Po'wikajte li'nejka!*	Повикайте линейка!
Die Sache ist dringend!	*'ßpeschno e!*	Спешно е!
Wann empfängt der Arzt Patienten?	*Ko'ga pri'ema 'lekarja patsi'enti?*	Кога приема лекарят пациенти?
Gute Besserung!	*'Bârzo ozdra'wjawane!*	Бързо оздравяване!

GEBRÄUCHLICHE WÖRTER	*'TSCHEßTO UPOTRE'BJAWANI 'DUMI*	ЧЕСТО УПОТРЕБЯВАНИ ДУМИ
Arzt	*'lekar*	лекар *m*
Erste Hilfe	*'Bârza 'pomoscht*	Бърза помощ *f*

Krankenhaus	*'bolnitsa*	болница *f*
Krankenschwester	*medi'tsinßka ßeß'tra*	медицинска сестра *f*
Krankenversicherung	*'zdrawna zaßtra'hofka*	здравна застраховка *f*
Krankenwagen	*li'nejka*	линейка *f*
Poliklinik	*poli'klinika*	поликлиника *f*
Untersuchung	*'preglet*	преглед *m*

BESCHWERDEN	*OP'LAKWANIJA*	**ОПЛАКВАНИЯ**
Ich fühle mich schlaff.	*'Tschußtwam ot'padnaloßt.*	Чувствам отпадналост.
Mir schwindelt.	*'Wije mi ße ßwjat.*	Вие ми се свят.
Ich habe einen Brechreiz.	*Pow'râschta mi ße.*	Повръща ми се.
Ich habe Schüttelfrost.	*'Ftrißa me.*	Втриса ме.
Ich habe Fieber.	*'Imam tempera'tura.*	Имам температура.
Hier tut es (mir) weh.	*Bo'li me tuk.*	Боли ме тук.
Ich bin allergisch gegen ...	*'Imam a'lergija kâm...*	Имам алергия към...
Ich kann nicht schlafen.	*Ne 'moga da ßpjâ.*	Не мога да спя.

BEIM ZAHNARZT	PRI zâbo'lekarja	ПРИ зъболекаря
Ich habe Zahnweh.	'Imam zâbo'bol.	Имам зъбобол.
Die Zahnfüllung ist herausgefallen.	'Padna mi 'plombata.	Падна ми пломбата.
Das Zahnfleisch ist entzündet/blutet.	Wen'tsite mi ßa wâßpa'leni/kâr'wjat.	Венците ми са възпалени/кървят.
Ich möchte eine Betäubungsspritze.	'Ißkam u'pojka.	Искам упойка.
Der Zahn muss gezogen werden.	Zâ'bâ 'trjabwa da ße iz'wadi.	Зъбът трябва да се извади.

GEBRÄUCHLICHE WÖRTER	'TSCHEßTO UPOTRE'BJAWANI 'DUMI	ЧЕСТО УПОТРЕБЯВАНИ ДУМИ
Karies	'karieß	кариес *m*
Zahnarzt	zâbo'lekar	зъболекар *m*
Zahnfleisch	wen'tsi	венци
Zahnfüllung	'plomba	пломба *f*
Zahnschmerzen	zâbo'bol	зъбобол *m*

IN DER APOTHEKE	F AP'TEKATA	В АПТЕКАТА
Gibt es in der Nähe eine Nachtapotheke?	'Ima li nab'lizo deno'noschtna ap'teka?	Има ли наблизо денонощна аптека?

111

Ich brauche etwas gegen ...	*'Ißkam 'neschto za...*	Искам нещо за...
Haben Sie ein Rezept?	*'Imate li re'tsepta?*	Имате ли рецепта?
Wievielmal täglich?	*'Kolko 'pâti 'dnewno?*	Колко пъти дневно?
Vor oder nach der Mahlzeit?	*Pre'di i'li ßlet 'chranene?*	Преди или след хранене?
Abführmittel *pl*	*ßla'bitelni*	слабителни
Antibiotikum	*antibio'tik*	антибиотик *m*
Apotheker	*apte'kar*	аптекар *m*
Gegenanzeigen	*protiwopoka'zanija*	противопоказания
homöopathische Mittel	*homeopa'titschni le'karßtwa*	хомеопатични лекарства
Kondom	*prezerwa'tif*	презерватив *m*
ein Mittel gegen ...	*le'karßtwo za...*	лекарство *n* за...
Nebenwirkungen	*ßtra'nitschni e'fekti*	странични ефекти
Pillen	*protiwoza'tschatâtschni*	противозачатъчни
Rezept	*re'tsepta*	рецепта *f*
Schlafmittel *pl*	*prißpi'watelni*	приспивателни
Schwangerschaftstest	*teßt za 'bremenoßt*	тест *m* за бременност

DER MENSCHLICHE KÖRPER	*TSCHO'WESCHKOTO 'TJALO*	**ЧОВЕШКОТО ТЯЛО**
Appendix/Blinddarm	*a'pendikß*	апендикс *m*
Arm	*râ'ka*	ръка *f*
Auge, Augen	*o'ko, o'tschi*	око, очи

Bein	*krak*	крак *m*
Blut	*krâf*	кръв *f*
Brust	*gâr'di*	гърди *pl*
Brustkorb	*'grâden kosch*	гръден кош *m*
Finger	*prââßt (na râ'ka)*	пръст *m* (на ръка)
(Fuß)Sohle	*ßtâ'palo*	стъпало *n*
Gesicht	*li'tse*	лице *n*
Haar	*ko'ßa*	коса *f*
Hals	*'gârlo*	гърло *n*
Hand	*râ'ka*	ръка *f*
Harnblase	*'pikotschen me'hur*	пикочен мехур *m*
Haut	*'kosha*	кожа *f*
Herz	*ßâr'tse*	сърце *n*
Kiefer	*'tscheljußt*	челюст *f*
Kinn	*bra'ditschka*	брадичка *f*
Knie	*ko'ljano*	коляно *n*
Knöchel	*'glezen*	глезен *m*
Knochen	*koßt*	кост *f*
Kopf	*gla'wa*	глава *f*
Leber	*'tscheren drop*	черен дроб *m*
Lungen	*'beli 'drobowe*	бели дробове
Magen	*ßto'mach*	стомах *m*
Mandeln	*'ßliwitsi*	сливици
Mund	*uß'ta*	уста *f*
Muskel	*'mußkul*	мускул *m*
Nacken	*wrat*	врат *m*
Nagel	*'nokât*	нокът *m*
Nase	*noß*	нос *m*
Niere	*'bâbrek*	бъбрек *m*
Ohr	*u'ho*	ухо *n*
Rippe	*reb'ro*	ребро *n*

GESUNDHEIT

Rücken	*grâp*	гръб *m*
Schenkel	*bed'ro*	бедро *n*
Schulter	*'ramo*	рамо *n*
Vene	*'wena*	вена *f*
Wange	*'buza*	буза *f*
Wirbelsäule	*grâb'natschenßtâlp*	гръбначен стълб *m*
Zahn	*zâp*	зъб *m*
Zunge	*e'zik*	език *m*

KRANKHEITEN	*'BOLEβTI*	БОЛЕСТИ
Allergie	*a'lergija*	алергия *f*
Anämie	*a'nemija*	анемия *f*
Angina	*an'gina*	ангина *f*
Appendizitis/ Blinddarmentzündung	*apandi'ßit*	апандисит *m*
Asthma	*'aßtma*	астма *f*
Biss	*u'hapwane*	ухапване *n*
Blutdruck (hoch, erhöht, niedrig)	*'krâwno na'ljagane (wi'ßoko, powi'scheno, 'nißko)*	кръвно налягане *n* (високо, повишено, ниско)
Bluterguss	*krâwo'izlif*	кръвоизлив *m*
Bronchitis	*bron'chit*	бронхит *m*
Durchfall	*di'arija*	диария *f*
Entzündung	*wâßpa'lenije*	възпаление *n*
Erbrechen	*pow'râschtane*	повръщане *n*
Erkältung	*naß'tinka*	настинка *f*
Fieber	*'treßka*	треска *f*
Gastritis	*gaßt'rit*	гастрит *m*
Geschwulst	*'tumor*	тумор *m*

Geschwür	'jazwa	язва *f*
Herzinfarkt	(ßâr'detschen) in'farkt	(сърдечен) инфаркт *m*
Hitzschlag	top'linen 'udar	топлинен удар *m*
Husten	'kaschlitsa	кашлица *f*
Infektion	in'fektsija	инфекция *f*
Koliken	'koliki	колики
Krampfadern	raßschi'reni 'weni	разширени вени
Krebs	rak	рак *m*
Lungenentzündung	pnew'monija	пневмония *f*
Masern	'morbili	морбили *n*
Migräne	mi'grena	мигрена *f*
Niesen	'kichane	кихане *n*
Ohnmacht	pri'padâk	припадък *m*
Otitis	o'tit	отит *m*
Peritonitis	perito'nit	перитонит *m*
Pocken	wari'ola	вариола *f*
Sodbrennen	ßto'maschni kißeli'ni	стомашни киселини *pl*
Sonnenstich	'ßlântschef 'udar	слънчев удар *m*
Stich (Insekten)	u'shilwane	ужилване *n*
Verbrennung	iz'garjane	изгаряне *n*
Verdauungsstörung	naru'schenije na chrano'ßmilaneto	нарушение *n* на храносмилането
Vergiftung	ot'rawjane	отравяне *n*
Verrenkung	iß'kâltschwane	изкълчване *n*
Verstopfung	'zapek	запек *m*
Wunde	'rana	рана *f*
Zuckerkrankheit	dia'bet	диабет *m*

GESUNDHEIT

Botschaft der Bundesrepublik Deutschland

Frédéric Joliot Curie Str. 25
1113 Sofia
Bulgarien
Tel: (+ 359 2) 918-380
Fax: (+ 359 2) 963-1658
E-Mail: reg1@sofi.diplo.de

Botschaft der Republik Österreich

Schipkastr. 4
1000 Sofia
Bulgarien
Tel: (+ 359 2) 932-9032
Fax: (+ 359 2) 981-0567
E-Mail: sofia-ob@bmaa.gv.at

Schweizerische Botschaft

Schipkastr. 33
1504 Sofia
Bulgarien
Tel: (+ 359 2) 942-0100
Fax: (+ 359 2) 946-1622
E-Mail: Vertretung@sof.rep.admin.ch

Kleines Telefonbuch

Die nachstehenden Telefonnummern gelten nur im Inland. Beim
Auslandsgespräch wählen Sie zuerst die Vorwahl Bulgariens 00+359
und dann die Ortsvorwahl ohne die am Anfang stehende 0.

Vorwahl Bulgariens ....,,.... + 359
Feuerwehr 160
Notruf 150
Polizei 166
Verkehrspolizei 165
Telefonauskunft 144
Lufthansa .... (02) 980-4141
Österrechische Flugstecken .... (02) 980-2323
Swiss Air .... (02) 980-4459
UPS .... (02) 9-60-96
DHL .... (02) 988-2309

Für weitere Informationen über Bulgarien können Sie folgende
Webseiten aufsuchen:
www.bulgaria.com
www.travel-bulgaria.com

TEL. & ADR.

A

Abend	'wetscher	вечер f
Abendbrot	we'tscherja	вечеря f
Abendbrot essen	we'tscherjam	вечерям
Abenteuer	priklju'tschenije	приключение n
aber	no	но
Abhang	ßklon	склон m
Abreise	zami'nawane	заминаване n
Absender	po'datel	подател m
Abstand	raßto'janije	разстояние n
Abteil	ku'pe	купе n
acht	'oßem	осем
achtzehn	oßem'najßet	осемнайсет
achtzig	oßemde'ßet	осемдесет
Aids	ßpin	СПИН m
aktiv	ak'tiwen	активен
Album	al'bum	албум m
Alkohol	alko'hol	алкохол m
alkoholfrei	bezalko'holen	безалкохолен
alle	'ßitschki	всички
allein	ßam	сам
allergisch	aler'gitschen	алергичен
alles	'ßitschko	всичко
Alphabet	'azbuka	азбука f

alt	*ßtar*	стар
Alter	*'wâzraßt*	възраст *f*
altertümlich	*'drewen*	древен
am Ende	*nak'raja*	накрая
Ananas	*ana'naß*	ананас *m*
ander	*druk*	друг
anfangen	*za'potschwam*	започвам
Anfänger	*natschi'naescht*	начинаещ
angenehm	*pri'jaten*	приятен
Angst *f*	*ßtrach*	страх *m*
Anhänger	*pri'vârshenik*	привърженик *m*
Ankunft	*priß'tigane*	пристигане *n*
anmelden, sich	*regißt'riram ße*	регистрирам се
Anorak	*'anorak*	анорак *m*
Anruf	*o'bashdane po tele'fona*	обаждане *n* по телефона
Anschrift	*ad'reß*	адрес *m*
Antwort	*'odgowor*	отговор *m*
antworten	*odgo'warjam*	отговарям
anziehen	*o'blitscham*	обличам
Anzug	*koß'tjum*	костюм *m*
Apfel	*'jabâlka*	ябълка *f*
Apotheke	*ap'teka*	аптека *f*
Appetit	*ape'tit*	апетит *m*
Aprikose	*kaj'ßija*	кайсия *f*
April	*a'pril*	април *m*
Arbeit	*'rabota*	работа *f*
Arbeiter	*ra'botnik*	работник *m*
arm	*'beden*	беден
Armband	*'griwna*	гривна *f*
Ärmel	*râ'kaf*	ръкав *m*
Arznei	*le'karßtwo*	лекарство *n*
Arzt	*'lekar*	лекар *m*
Aschenbecher	*pepel'nik*	пепелник *m*
Aspirin	*aßpi'rin*	аспирин *m*
Asthma	*'aßtma*	астма *f*
Athletik	*at'letika*	атлетика *f*
Atlas	*at'laß*	атлас *m*
atmen	*'discham*	дишам

Aubergine	*patla'dshan*	патладжан *m*
auch	*'ßâschto*	също
Auf Wiedersehen!	*Do'wishdane*	Довиждане!
Aufführung	*pretstaw'lenije*	представление *n*
Aufgang	*'izgref*	изгрев *m*
aufgehen (Sonne)	*iz'grjawam*	изгрявам
aufheben	*ot'menjam*	отменям
Aufmerksamkeit	*wni'manije*	внимание *n*
aufstehen	*'ßtawam*	ставам
Auge, Augen	*o'ko, o'tschi*	око *n*, очи
August	*'awgußt*	август *m*
ausfüllen	*po'pâlwam*	попълвам
Ausgang	*'ißchot*	изход *m*
ausgeben	*'hartscha*	харча
Ausland	*tschush'bina*	чужбина *f*
im Ausland	*f tschush'bina*	в чужбина *f*
Ausländer	*tschushde'nets*	чужденец *m*
Ausrüsrung	*ekipi'rofka*	екипировка *f*
ausschalten	*iß'kljutschwam*	изключвам
Aussicht	*'izglet*	изглед *m*
aussteigen	*'ßlizam*	слизам
Ausstellung	*iz'loshba*	изложба *f*
Auster	*'ßtrida*	стрида *f*
ausziehen	*ßâb'litscham*	събличам
Auto	*ko'la*	кола *f*
Autobahn	*magißt'rala*	магистрала *f*
Autor	*'aftor*	автор *m*

B

Baby	*'bebe*	бебе *n*
backen	*pe'ka*	пека
Bacon	*be'kon*	бекон *m*
Badeanzug	*'banßki koß'tjum*	бански костюм *m*
Bademantel	*haw'lija*	хавлия *f*

Badeschuhe	'dshapanki	джапанки *pl*
Badezimmer	'banja	баня *f*
Bahnhof	'gara	гара *f*
Bahnsteig	pe'ron	перон *m*
bald	'ßkoro	скоро
Balkon	bal'kon	балкон *m*
Ball	'topka	топка *f*
Banane	ba'nan	банан *m*
Bank	'banka	банка *f*
Banknote	bank'nota	банкнота *f*
Bar	bar	бар *m*
Bargeld	pa'ri w broj	пари *pl* в брой
Bart	bra'da	брада *f*
Batterie	ba'terija	батерия *f*
Baum	dâr'wo	дърво *n*
Beamte	tschi'nownik	чиновник *m*
Bedarf	'nushda	нужда *f*
bedauern	ßâsha'ljawam	съжалявам
Bedienung	op'ßlushwane	обслужване *n*
Beefsteak	bif'tek	бифтек *m*
begeistern, sich	wâßchi'schtawam ße	възхищавам се
beige	'beshof	бежов
Bein	krak	крак *m*
bekommen	polu'tschawam	получавам
berauben	o'grabwam	ограбвам
Berghütte	'hisha	хижа *f*
Bericht	dok'lat	доклад *m*
Beruf	pro'feßija	професия *f*
berühmt	pro'tschut	прочут
berühren	do'koßwam	докосвам
beschäftigt	za'et	зает
Beschreibung	opi'ßanije	описание *n*
Beschwerde	op'lakwane	оплакване *n*
Besserung	ozdra'wjawane	оздравяване *n*
Besuch	poße'schtenije	посещение *n*
Bett	leg'lo	легло *n*
Bettbezug	'ßpalno be'ljo	спално бельо *n*
Bettdecke	ode'jalo	одеяло *n*

beunruhigen	*beßpoko'ja*	безпокоя
Bevölkerung	*naße'lenije*	население *n*
bevorzugen	*pretpo'tschitam*	предпочитам
Bewegung	*dwi'shenije*	движение *n*
Bibliothek	*biblio'teka*	библиотека *f*
Bienenhonig	*'ptschelen met*	пчелен мед *m*
Bier	*'bira*	бира *f*
Bild	*kar'tina*	картина *f*
Bildschirm	*ek'ran*	екран *m*
billig	*'eftin*	евтин
Binde	*prew'râßka*	превръзка *f*
Birne	*'kruscha*	круша *f*
bis	*do*	до
Bitte	*mol'ba*	молба *f*
Bitte nehmen Sie Platz!	*ßed'nete, 'molja!*	Седнете, моля!
bitten	*'molja*	моля
bitter	*gor'tschif*	горчив
blau	*ßin*	син
Bleistift	*mo'lif, 'molif*	молив *m*
blind	*ßljap*	сляп
Blitz	*ßwet'kawitsa*	светкавица *f*
blond	*ruß*	рус
Blume	*'tswete*	цвете *n*
Blumenkohl	*karfi'ol*	карфиол *m*
Bluse	*'bluza*	блуза *f*
Blut	*krâf*	кръв *f*
bluten	*kâr'wja*	кървя
Boden	*pot*	под *m*
Bohne	*bop*	боб *m*
Boot	*'lotka*	лодка *f*
Botschaft	*po'ßolßtwo*	посолство *n*
Botschafter	*poß'lanik*	посланик *m*
Brücke	*moßt*	мост *m*
Braten	*'petscheno*	печено *n*
Bratpfanne	*ti'gan*	тиган *m*
Brauch	*obi'tschaj*	обичай *m*
braun	*ka'fjaf*	кафяв
breit	*schi'rok*	широк

Bremse	ßpi'ratschka	спирачка f
brennen	go'rja	горя
Brief	piß'mo	писмо n
Briefkasten	'poschtenßka ku'tija	пощенска кутия f
Briefmarke	'poschtenßka 'marka	пощенска марка f
Briefträger	poschta'ljon	пощальон m
Briefumschlag	'poschtenski plik	пощенски плик m
Brille	otschi'la	очила pl
Brombeere	kâ'pina	къпина f
Brot	chljap	хляб m
Bruder	brat	брат m
Brustkorb	'grâden kosch	гръден кош m
Buch	'kniga	книга f
Buchhandlung	kni'sharnitsa	книжарница f
Buchstabe	'bukwa	буква f
Bürger	'grashdanin	гражданин m
Bus	afto'buß	автобус m
Bushaltestelle	afto'bußna 'ßpirka	автобусна спирка f
Büstenhalter	ßuti'en	сутиен m
Butter	maß'lo	масло n

C

Café	ka'fe-slat'karnitsa	кафе-сладкарница f
Campingplatz	'kâmpink	къмпинг m
CD	kom'pakt'dißk	компактдиск m
Champignon	'gâba	гъба f
Chef	schef	шеф m
Chips	tschipß	чипс m
Computer	kom'pjutâr	компютър m
Creme	krem	крем m
Croissant	kroa'ßan	кроасан m

D

Dach	'pokrif	покрив *m*
Dame	'dama	дама *f*
Danke!	Blagoda'rja!	Благодаря!
Datum	'data	дата *f*
Daumen	'palets	палец *m*
dein	twoj	твой
denken	'mißlja	мисля
	'smjatam	смятам
Denkmal	'pametnik	паметник *m*
derselbe	'ßâschtijat	същият
Dezember	de'kemwri	декември *m*
Diabetiker	diabe'tik	диабетик *m*
Dieb	kra'dets	крадец *m*
Dienstag	'ftornik	вторник *m*
Dirigent	diri'gent	диригент *m*
Diskothek	dißko'teka	дискотека *f*
Dokument	doku'ment	документ *m*
Dom	kate'drala	катедрала *f*
Donnerstag	tschet'wârtâk	четвъртък *m*
doppelt	'dwoen	двоен
Dorf	'ßelo	село *n*
dort	tam	там
draußen	na'wân	навън
drei	tri	три
dreißig	'trijßet	трийсет
dreizehn	tri'najßet	тринайсет
dringend	'ßpeschen	спешен
du	ti	ти
du bist	ti ßi	ти си
Dudelsack	'gajda	гайда *f*
Duft	aro'mat	аромат *m*
dumm	'glupaf	глупав
Dummheit	'glupoßt	глупост *f*
dünn	'tânâk	тънък

durch	*preß*	през
durstig	*'shaden*	жаден
Dusche	*dusch*	душ *m*
Dutzend	*du'zina*	дузина *f*

E

Ecke	*'âgâl*	ъгъл *m*
Ehefrau	*ßâ'pruga*	съпруга *f*
Ehemann	*ßâ'pruk*	съпруг *m*
Ei	*jaj'tse*	яйце *n*
Eierkuchen	*pala'tschinka*	палачинка *f*
eigen	*'ßopßtwen*	собствен
Eigentümer	*'ßopßtwenik*	собственик *m*
eigentlich	*'ßâschnoßt*	всъщност
Eingang	*fchot*	вход *m*
einheimisch	*'meßten*	местен
Einkommen	*'dochot*	доход *m*
Einladung	*po'kana*	покана *f*
einmal	*e'din pât*	един път
	wed'nâsch	веднъж
eins	*ed'no*	едно
einschalten	*'fkljutschwam*	включвам
einsteigen	*'katschwam ße*	качвам се
Eintopfgericht	*jach'nija*	яхния *f*
Eintrittskarte	*bi'let*	билет *m*
einwickeln	*u'wiwam*	увивам
Eis (Speiseeis)	*ßlado'let*	сладолед *m*
	let	лед *m*
Eisenbahn	*she'lesnitsa*	железница *f*
Elektrotechniker	*elektrotech'nik*	електротехник *m*
elf	*edi'najßet*	единайсет
Elfenbein	*'ßlonowa koßt*	слонова кост *f*
Ell(en)bogen	*'lakât*	лакът *m*
Eltern	*ro'diteli*	родители *pl*

WÖRTERBUCH

empfangen	po'ßreschtam	посрещам
Empfangschef	adminiß'trator	администратор *m*
Ende	kraj	край *m*
enden	'ßwârschwam	свършвам
Enkelkinder	'wnutsi	внуци *pl*
Entschuldigung	izwi'nenije	извинение *n*
Entschuldigung!	Izwi'nete!	Извинете!
entsetzlich	u'shaßen	ужасен
entzündeter Hals	wâßpa'leno 'gârlo	възпалено гърло *n*
er	toj	той
er ist	toj e	той е
Erbsen	grach	грах *m*
Erdbeben	zemetre'ßenije	земетресение *n*
Erdbeere	'jagoda	ягода *f*
Erde	ze'mja	земя *f*
Erdnuss	fâß'tâk	фъстък *m*
Ereignis	ßâ'bitije	събитие *n*
Erfolg	uß'pech	успех *m*
erforderlich	'nushen, neopcho'dim	нужен, необходим
Erholung	po'tschifka	почивка *f*
erkältet	naß'tinal	настинал
erklären	dekla'riram	декларирам
erlauben	pozwo'ljawam	позволявам
Erlaubnis	razre'schenije	разрешение *n*
(Dokument)	razre'schitelno	разрешително *n*
Ersatzteil	re'zerwna tschaßt	резервна част *f*
erschrocken	iß'plaschen	изплашен
erst	prâf	пръв
erwachsen	'wâzraßten	възрастен
Erzählung	'raßkaß	разказ *m*
es	to	то
es ist	to e	то е
Es regnet.	Wa'li dâscht.	Вали дъжд.
Es schneit.	Wa'li ßnjak.	Вали сняг.
essen	jam	ям
Essen	'jadene	ядене *n*
Essig	o'tset	оцет *m*
Etikett	eti'ket	етикет *m*

| etwas | 'neschto | нещо |
| euer | wasch | ваш |

F

fähig	ßpo'ßoben	способен
Führerschein	scho'fjorßka 'knischka	шофьорска книжка f
Füllung	'plânka	плънка f
fünf	pet	пет
fünfzehn	pet'najßet	петнайсет
fünfzig	pedde'ßet	петдесет
für	za	за
fürchten, sich	ßtra'huwam ße	страхувам се
Fahne	'zname	знаме n
fahren (reisen)	pâ'tuwam	пътувам
(lenken)	scho'firam	шофирам
Fahrer	scho'fjor	шофьор m
Fahrplan	raßpi'ßanije	разписание n
Fahrrad	kole'lo	колело n
Fahrstuhl	aßan'ßjor	асансьор m
Fahrzeug	pre'wozno 'ßretstwo	превозно средство n
Fall	'ßlutschaj	случай m
falsch	'greschen	грешен
Familie	ße'mejßtwo	семейство n
Familienname	fa'milno 'ime	фамилно име n
Fan	zapa'ljanko, fen	запалянко m, фен m
Farbe (Farbstoff)	bo'ja	боя f
	tswjat	цвят m
Farm	'ferma	ферма f
fast	potsch'ti	почти
faul	mârze'lif	мързелив
Februar	fewru'ari	февруари m
Fehler	'greschka	грешка f
Feier	praznen'ßtwo	празненство n
Feld	po'le	поле n

Fels	*ßka'la*	скала *f*
Fenster	*pro'zorets*	прозорец *m*
Ferien	*wa'kantsija*	ваканция *f*
Fernsehen	*tele'wizija*	телевизия *f*
fertig	*go'tof*	готов
Fest	*'praznik*	празник *m*
Festung	*'krepoßt*	крепост *f*
feucht	*'wlashen*	влажен
Feuer	*'ogân*	огън *m*
Feuerwehrauto	*po'sharna ko'la*	пожарна кола *f*
Feuerwehrmann	*posharni'kar*	пожарникар *m*
Film	*film*	филм *m*
finden	*na'miram*	намирам
Finger	*prâßt*	пръст *m*
Fisch	*'riba*	риба *f*
Flasche	*bu'tilka*	бутилка *f*
Fleisch	*me'ßo*	месо *n*
Flug	*'polet*	полет *m*
Flughafen	*le'tischte*	летище *n*
Flugzeug	*ßamo'let*	самолет *m*
Fluss	*re'ka*	река *f*
fordern	*i'zißkwam*	изисквам
Forelle	*pâß'târwa*	пъстърва *f*
Form	*'forma*	форма *f*
Formular	*formu'ljar*	формуляр *m*
Foto	*'ßnimka*	снимка *f*
Fotoapparat	*'fotoapa'rat*	фотоапарат *m*
Fotograf	*foto'graf*	фотограф *m*
Frage	*wâp'roß*	въпрос *m*
fragen	*'pitam*	питам
Frau	*she'na*	жена *f*
(Anrede)	*goßpo'sha*	госпожа *f*
frei	*ßwo'boden*	свободен
Freitag	*'petâk*	петък *m*
Freiwilliger	*dobro'wolets*	доброволец *m*
Freizeit	*ßwo'bodno 'wreme*	свободно време *n*
Freund	*pri'jatel*	приятел *m*
Freundin	*pri'jatelka*	приятелка *f*

Frieden	*mir*	мир *m*
frieren	*za'mrâzwam*	замръзвам
Friseur	*fri'zjor*	фризьор *m*
froh	*'radoßten*	радостен
Frucht	*plot*	плод *m*
früh	*'rano*	рано
Frühling	*'prolet*	пролет *f*
Frühstück	*za'kußka*	закуска *f*
frühstücken	*za'kußwam*	закусвам
Fußgänger	*pesche'hodets*	пешеходец *m*
Fußgängerüberweg	*pesche'hodna pâ'teka*	пешеходна пътека *f*

G

Gabel	*'wilitsa*	вилица *f*
Garage	*ga'rasch*	гараж *m*
Garderobe	*garde'rop*	гардероб *m*
Garten	*gra'dina*	градина *f*
Gas	*gaß*	газ *f*
Gaspedal	*pe'dal za gaß'ta*	педал *m* за газта
Gast	*goßt*	гост *m*
Gebäck	*'ßlatki*	сладки *pl*
Gebäude	*'zgrada*	сграда *f*
geben	*'dawam*	давам
Gebiet	*'oblaßt*	област *f*
Gebirge	*plani'na*	планина *f*
geboren	*ro'den*	роден
Gebrauch	*upo'treba*	употреба *f*
Gebühr	*'takßa*	такса *f*
Geburt	*'rashdane*	раждане *n*
Geburtstag	*rosh'den den*	рожден ден *m*
Gefängnis	*zat'wor*	затвор *m*
Gefahr	*o'paßnoßt*	опасност *f*
gefahrlos	*bezo'paßen*	безопасен
gefallen	*ha'reßwam*	харесвам

WÖRTERBUCH

gegen	*ßre'schtu*	срещу
Gegenstand	*pred'met*	предмет *m*
gehen	*o'tiwam*	отивам
gelangen	*'ßtigam*	стигам
gelb	*shâlt*	жълт
Geld	*pa'ri*	пари *pl*
Geldbörse	*portmo'ne*	портмоне *n*
Gemüse	*zelen'tschuk*	зеленчук *m*
genau	*'totschno*	точно
genug	*doß'tatâtschno*	достатъчно
geöffnet	*ot'woren*	отворен
Gepäck	*ba'gasch*	багаж *m*
Gericht (Amtsgericht)	*ßât*	съд *m*
(Speise)	*'jastije*	ястие *n*
Geruch	*miriz'ma*	миризма *f*
Geschäft (Handel)	*'zdelka*	сделка *f*
(Laden)	*maga'zin*	магазин *n*
Geschenk	*po'darâk*	подарък *m*
geschieden	*raz'weden*	разведен
Geschlecht	*pol*	пол *m*
geschlossen	*zat'woren*	затворен
Geschmack	*ßkuß*	вкус *m*
Geschwindigkeit	*'ßkoroßt*	скорост *f*
Gesellschaft	*opschteßt'wo*	общество *n*
Gesetz	*za'kon*	закон *m*
Gesicht	*li'tse*	лице *n*
Gespräch	*'razgowor*	разговор *m*
gestern	*'ftschera*	вчера
gestreift	*ra'iran*	раиран
Gesundheit	*'zdrawe*	здраве *n*
Getränk	*piti'je, na'pitka*	питие *n*, напитка *f*
noch ein Getränk	*'oschte ed'no piti'je*	още едно питие
Gewerbe	*zana'jat*	занаят *m*
Gewicht	*te'glo*	тегло *n*
gewinnen	*pe'tschelja*	печеля
gewöhnlich	*obikno'wen*	обикновен
Gewürz	*pot'prafka*	подправка *f*
Gift	*ot'rowa*	отрова *f*

Gipfel	wrâch	връх *m*
Gitarre	ki'tara	китара *f*
Glas (Material)	ßtâk'lo	стъкло *n*
(Gefäß)	'tschascha	чаша *f*
Glocke	kam'bana	камбана *f*
Glück	kâß'met, 'schtastije	късмет *m*, щастие *n*
glücklich	schtaß'lif	щастлив
Glühbirne	elek'tritscheßka 'kruschka	електрическа крушка *f*
Gold	'zlato	злато *n*
Grad	'graduß	градус *m*
Gras	tre'wa	трева *f*
grässlich	ßtra'hoten	страхотен
grau	ßif	сив
Grenze	'granitsa	граница *f*
Grippe	grip	грип *m*
groß	go'ljam	голям
(bedeutend)	we'lik	велик
Größe	raz'mer	размер *m*
Großmutter	'baba	баба *f*
Großvater	'djado	дядо *m*
grob	grup	груб
grün	ze'len	зелен
Gurke *f*	'kraßtawitsa	краставица *f*
gut *adj*	do'bâr	добър
adv	do'bre	добре

H

Haar	ko'ßa	коса *f*
Haartrockner	ßescho'ar	сешоар *m*
haben	'imam	имам
Hackfleisch	kaj'ma	кайма *f*
Hafen	priß'tanischte	пристанище *n*
Hähnchen	'pile	пиле *n*
Halbinsel	polu'oßtrof	полуостров *m*

Hallo!	*Zdra'wej!*	Здравей!
ugs	*'Zdraβti!*	Здрасти!
Hals	*'gârlo*	гърло *n*
Halskette	*koli'je*	колие *n*
Haltestelle	*'βpirka*	спирка *f*
Hamburger	*'hamburger*	хамбургер *m*
Hand	*râ'ka*	ръка *f*
Handel	*târgo'wija*	търговия *f*
Handschuhe	*râka'witsi*	ръкавици *pl*
Handwerker	*zanajat'tschija*	занаятчия *m*
hart	*twârt*	твърд
hässlich	*'grozen*	грозен
Haupt-	*'glawen, 'naj-'washen*	главен, най-важен
Hauptstadt	*'βtolitsa*	столица *f*
Haus	*'kâschta*	къща *f*
Hausapotheke	*ap'tetschka*	аптечка *f*
Haut	*'kosha*	кожа *f*
Hautfarbe	*ten*	тен *m*
Heiliger	*βwe'tets*	светец *m*
Heilkräuter	*(le'tschebni) 'bilki*	(лечебни) билки *pl*
Heim	*dom*	дом *m*
Heirat	*she'nidba*	женитба *f*
heiß	*go'rescht*	горещ
Heizung	*otop'lenije*	отопление *n*
Hemd	*'riza*	риза *f*
Herbst	*'eβen*	есен *f*
Herr	*goβpo'din*	господин *m*
Herrensalon	*brâβ'narβki βa'lon*	бръснарски салон *m*
Herz	*βâr'tse*	сърце *n*
Herzlichen Glückwunsch!	*Pozdraw'lenija!*	Поздравления!
heute	*dneβ*	днес
heute Abend	*do'wetschera*	довечера
hier	*tuk*	тук
Hilfe	*'pomoscht*	помощ *f*
Himbeere	*ma'lina*	малина *f*
Himmel	*ne'be*	небе *n*
Hinfahrkarte	*ednopo'βotschen bi'let*	еднопосочен билет *m*
hinter	*zat*	зад

Hitze	*goreschti'na, 'shega*	горещина *f*, жега *f*
Hobby	*'hobi*	хоби *n*
hoch	*wi'ßok*	висок
Hochzeit	*'ßwadba*	сватба *f*
Höhe über dem Meeresspiegel	*nad'morßka wißotschi'na*	надморска височина *f*
Höhle	*peschte'ra*	пещера *f*
Honig	*met*	мед *m*
hören	*'tschuwam*	чувам
(anhören)	*'sluscham*	слушам
Hose	*panta'lon, panta'loni*	панталон *m*, панталони *pl*
kurze Hose	*'kâßi panta'loni*	къси панталони *pl*
Hotel	*ho'tel*	хотел *m*
Hügel	*hâlm*	хълм *m*
Hummer	*o'mar*	омар *m*
Hund	*'kutsche*	куче *n*
hundert	*ßto*	сто
hungrig	*'gladen*	гладен
Husten	*'kaschlitsa*	кашлица *f*
Hut	*'schapka*	шапка *f*
hüten	*'pazja*	пазя
Hütte	*'hisha*	хижа *f*

ich	*aß*	аз
ich bin	*aß ßâm*	аз съм
ihr poss.pr. 3. p. sg	*'nein*	неин
poss.pr. 3. p. pl	*'techen*	техен
pers.pr. 2. p. pl	*'wije*	вие
ihr seid	*'wije ßte*	вие сте
immer	*'winagi*	винаги
für immer	*za'winagi*	завинаги
impfen	*wakßi'niram*	ваксинирам
imposant	*wnu'schitelen*	внушителен
in	*w(âf)*	в(ъв)
Industrie	*pro'mischlenoßt*	промишленост *f*

Information	*infor'matsija*	информация *f*
innen	*'wâtre*	вътре
Insel	*'oßtrof*	остров *m*
interessieren, sich (für)	*intere'ßuwam ße (ot)*	интересувам се (от)
international	*meshduna'roden*	международен
Internet	*'internet*	интернет *m*
Invalide	*inwa'lit*	инвалид *m*
ist	*e*	е

J

ja	*da*	да
Jacke	*'jake*	яке *n*
Jahr	*go'dina*	година *f*
Jahrestag	*go'dischnina*	годишнина *f*
Jahrhundert	*wek*	век *m*
Januar	*janu'ari*	януари *m*
Jeans	*'dânki*	дънки *pl*
jeder	*'fßeki*	всеки
jemand	*'njakoj*	някой
jetzt	*ße'ga*	сега
Jogging	*'dshogink*	джогинг *m*
Joghurt	*'jogurt*	йогурт *m*
Juckreiz	*ßâr'besch*	сърбеж *m*
Juli	*'juli*	юли *m*
jung	*mlat*	млад
Junge	*mom'tsche*	момче *n*
Juni	*'juni*	юни *m*

К

| Kabinenbahn | *ka'binkof lift* | кабинков лифт *m* |
| Kaffee | *ka'fe* | кафе *n* |

Kai	kej	кей *m*
Kalbfleisch	'teleschko	телешко *n*
Kalender	kalen'dar	календар *m*
kalt	ßtu'den	студен
Kamm	'greben	гребен *m*
Kampf	bor'ba	борба *f*
Karotte	'morkof	морков *m*
Karte	'karta	карта *f*
Karten spielen	i'graja na 'karti	играя на карти
Kartoffel	kar'tof	картоф *m*
Käse	kaschka'wal	кашкавал *m*
Kassette	ka'ßeta	касета *f*
Kassettenrekorder	kaßeto'fon	касетофон *m*
Kasten	ßan'dâk	сандък *m*
Katholik	kato'lik	католик *m*
Katze	'kotka	котка *f*
Katzenjammer	machmur'luk	махмурлук *m*
kaufen	ku'puwam	купувам
Kaugummi	'dâßka	дъвка *f*
Keks	bißk'wita	бисквита *f*
Kern	'jatka	ядка *f*
Kerze	ßwescht	свещ *f*
Kilogramm	kilo'gram	килограм *m*
Kilometer	kilo'metâr	километър *m*
Kind	de'te	дете *n*
Kindergarten	'detska gra'dina	детска градина *f*
Kino	'kino	кино *n*
Kiosk	(weßni'karska) 'butka	(вестникарска) будка *f*
Kirche	'tsârkwa, 'tscherkwa	църква *f*, черква *f*
Kirsche	tsche'rescha	череша *f*
Kissen	wâz'glawnitsa	възглавница *f*
Klang	zwuk	звук *m*
Klavier	pi'ano	пиано *n*
Klebstoff	le'pilo	лепило *n*
Kleid	'roklja	рокля *f*
Kleider	'drechi	дрехи
klein	'malâk	малък
klettern	ka'terja ße	катеря се

Klimaanlage	*klima'tik*	климатик *m*
Klingel	*zwâ'nets*	звънец *m*
klingeln	*zwâ'nja*	звъня
Kloster	*manaß'tir*	манастир *m*
klug	*'umen*	умен
Kneipe	*'krâtschma*	кръчма *f*
Knie	*ko'ljano*	коляно *n*
Knoblauch	*'tscheßân*	чесън *m*
Knöchel	*'glezen*	глезен *m*
Koch	*got'watsch*	готвач *m*
Kochherd	*got'warßka 'petschka*	готварска печка *f*
Köder	*ßtrâf*	стръв *f*
Koffer	*'kufar*	куфар *m*
Kohl	*'zele*	зеле *n*
kohlensäurehaltig	*ga'ziran*	газиран
kommen	*'idwam*	идвам
Kompass	*kom'paß*	компас *m*
Konfitüre	*konfi'tjur*	конфитюр *m*
König	*kral*	крал *m*
Königin	*kra'litsa*	кралица *f*
können	*'moga*	мога
Konzert	*kon'tsert*	концерт *m*
Kopf	*gla'wa*	глава *f*
Kopfschmerzen	*glawo'bolije*	главоболие *n*
Korb	*'koschnitsa*	кошница *f*
Körper	*'tjalo*	тяло *n*
Korridor	*kori'dor*	коридор *m*
Kosmetiksalon	*kozme'titschen ßa'lon*	козметичен салон *m*
kostbar	*ßkâpo'tsenen*	скъпоценен
kosten	*'ßtruwam*	струвам
kostenlos	*beß'platen*	безплатен
Kotelett	*pâr'shola, kot'let*	пържола *f*, котлет *m*
Kraft	*'ßila*	сила *f*
Kran	*kran*	кран *m*
krank	*'bolen*	болен
Krankenhaus	*'bolnitsa*	болница *f*
Krankenschwester	*medi'tsinßka ßeß'tra*	медицинска сестра *f*
Krankenwagen	*li'nejka*	линейка *f*

Krankheit	'boleßt	болест f
Krebs	rak	рак m
Kreditkarte	'kreditna 'karta	кредитна карта f
Kreuz	krâßt	кръст m
Krieg	woj'na	война
Küche	'kuchnja	кухня f
Kugelschreiber	chimi'kalka	химикалка f
Kühlschrank	chla'dilnik	хладилник m
Kürbis	'tikwa	тиква f
Küste	kraj'breshije	крайбрежие n
Kunst	iß'kußtwo	изкуство n
Kunststoff-	'plaßtmaßof	пластмасов
Kuppel	ku'be	кубе n
kurz	kâß	къс

L

Lächeln	uß'mifka	усмивка f
lachen	'ßmeja ße	смея се
Lachs	'ßjomga	сьомга f
Laden	maga'zin	магазин m
Laken	tschar'schaf	чаршаф m
Lammfleisch	'agneschko	агнешко n
Lampe	'lampa	лампа f
Landwirtschaft	zeme'delije	земеделие n
lang	'dâlâk	дълъг
langsam	'bawen	бавен
langweilig	'ßkutschen	скучен
Lastkraftwagen	kami'on	камион m
Lätzchen	'ligawnik	лигавник m
laufen	'bjagam, 'titscham	бягам, тичам
laut	'schumen	шумен
Leben	shi'wot	живот m
Leder	'kosha	кожа f
ledig	ne'shenen, neo'mâshena	неженен m, неомъжена f

WÖRTERBUCH

leer	'prazen	празен
legen	'ßlagam	слагам
Lehrbuch	u'tschebnik	учебник *m*
lehren	obu'tschawam	обучавам
Lehrer	u'tschitel	учител *m*
leicht	'leßen	лесен
Leine	wâ'she	въже *n*
leise	tich	тих
lernen	'utscha	уча
lesen	tsche'ta	чета
Leute	'hora	хора
Liebe	lju'bof	любов *f*
Lied	'peßen	песен *f*
Limonade	limo'nada	лимонада *f*
link	ljaf	ляв
links	na'ljawo, 'wljawo	наляво, вляво
Lippenstift	tscher'wilo	червило *n*
Lira	'lira	лира *f*
Liter	'litâr	литър *m*
Löffel	lâ'shitsa	лъжица *f*
Lohn	za'plata	заплата *f*
Lotion	loßi'on	лосион *m*
Lotterie	lo'tarija	лотария *f*
Luft	'wâzduch	въздух *m*
Lunge	bjal drop	бял дроб *m*

machen	'prawja	правя
Mädchen *n*	mo'mitsche	момиче *n*
Magen	ßto'mach	стомах *m*
Magenschmerzen	'bolki ʃ ßto'macha	болки в стомаха
Mai	maj	май *m*
Makkaroni	maka'roni	макарони

Maler	hu'doshnik	художник *m*
manchmal	po'njakoga	понякога
Mann	mâsch	мъж *m*
Mannschaft	od'bor	отбор *m*
Mantel	pal'to	палто *n*
Margarine	marga'rin	маргарин *m*
Markt	pa'zar	пазар *m*
März	mart	март *m*
Medizin	medi'tsina	медицина *f*
Meer	mo're	море *n*
Mehl	brasch'no	брашно *n*
mehr	'powetsche	повече
mein	moj	мой
Menge	ko'litscheßtwo	количество *n*
Mensch	tscho'wek	човек *m*
Messe	pana'ir	панаир *m*
Messer	nosch	нож *m*
Meter	'metâr	метър *m*
mieten	na'emam	наемам
Milch	('prjaßno) 'mljako	(прясно) мляко *n*
Milchshake	'mletschen schejk	млечен шейк *m*
Ministerpräsident	mi'nißtâr-pretse'datel	министър-председател *m*
Minute	mi'nuta	минута *f*
Minze	'menta	мента *f*
mit	ß(âß)	с(ъс)
Mittag	'pladne, 'obet	пладне *n*, обед *m*
zu Mittag essen	o'bjadwam	обядвам
Mittagessen	'obet, o'bjat	обед *m*, обяд *m*
Mitteilung	ßâop'schtenije	съобщение *n*
Mitternacht	polu'noscht	полунощ *f*
Mittwoch	'ßrjada	сряда *f*
Möbel	'mebeli	мебели *pl*
Mode	'moda	мода *f*
modern	mo'deren	модерен
Monat	'meßets	месец *m*
Mond	lu'na	луна *f*
Montag	pone'delnik	понеделник *m*
morgen	'utre	утре

Morgen	'ßutrin	сутрин *f*
Moschee	dsha'mija	джамия *f*
Motel	mo'tel	мотел *m*
Motor	dwi'gatel, mo'tor	двигател *m*, мотор *m*
Motorrad	mototsik'let	мотоциклет *m*
Mücke	ko'mar	комар *m*
müde	umo'ren	уморен
Mülleimer	'kofa za ßmet	кофа *f* за смет
Mund	uß'ta	уста *f*
Münze	mo'neta	монета *f*
Museum	mu'zej	музей *m*
Musik	'muzika	музика *f*
Muskel	'mußkul	мускул *m*
müssen	'trjabwa	трябва
Mutter	'majka	майка *f*

N

nach	ßlet	след
Nachmittag	ßle'dobet	следобед *m*
Nachrichten	nowi'ni	новини *pl*
nächst	'ßledwascht	следващ
Nacht	noscht	нощ *f*
Nacken	wrat	врат *m*
nackt	gol	гол
Nadel	ig'la	игла *f*
nahebei	na'blizo	наблизо
Nahrung	chra'na	храна *f*
Name	'ime	име *n*
Nase	noß	нос *m*
Nationalität	natsio'nalноßt	националност *f*
Natur	pri'roda	природа *f*
natürlich	raz'bira ße	разбира се
Nebel	mâg'la	мъгла *f*
neblig	mâg'lif	мъглив

Neffe	'plemennik	племенник *m*
negativ	otri'tsatelen	отрицателен
nein	ne	не
nervös	'nerwen	нервен
Netz	'mresha	мрежа *f*
neu	nof	нов
neun	'dewet	девет
neunzehn	dewet'najßet	деветнайсет
neunzig	dewedde'ßet	деветдесет
Nichte	'plemennitsa	племенница *f*
Nichtraucher	nepu'schatsch	непушач *m*
nichts	'nischto	нищо
nie	'nikoga	никога
niemand	'nikoj	никой
Niere	'bâbrek	бъбрек *m*
nieseln	râ'mjâ	ръмя
es nieselt	râ'mi	ръми
noch	'oschte	още
Nonne	mona'chinja	монахиня *f*
Norden	'ßewer	север *m*
Nordosten	ßewero'ißtok	североизток *m*
Nordwesten	ßewero'zapat	северозапад *m*
normal	nor'malen	нормален
Note	be'leschka	бележка *f*
Notizbuch	be'leshnik	бележник *m*
November	no'emwri	ноември *m*
Nudeln	fi'de	фиде *n*
null	'nula	нула *f*
Nummer	'nomer	номер *m*
nur	'ßamo	само
Nuss	'orech	орех *m*
nützlich	po'lezen	полезен
nutzlos	beßpo'lezen	безполезен

WÖRTERBUCH

O

Obst	*plodo'we*	плодове *pl*
Obstgarten *m*	*o'woschtna gra'dina*	овощна градина *f*
oder	*i'li*	или
öffentlich	*op'schteßtwen*	обществен
öffnen	*ot'warjam*	отварям
Öffner	*otwa'ratschka*	отварачка *f*
Öffnungszeit	*ra'botno 'wreme*	работно време *n*
oft	*'tscheßto*	често
ohne	*beß*	без
Ohr, Ohren	*u'ho, u'schi*	ухо *n*, уши *pl*
Ohr,nschmerzen	*ucho'bol*	ухобол *m*
Ohrringe	*obe'tsi*	обеци *pl*
Öklogie	*eko'logija*	екология *f*
Oktober	*ok'tomwri*	октомври *m*
Olive	*maß'lina*	маслина *f*
Olivenöl	*zech'tin*	зехтин *m*
Omelette	*om'let*	омлет *m*
Onkel	*'tschitscho, 'wujtscho*	чичо *m*, вуйчо *m*
Oper	*'opera*	опера *f*
Opfer	*'shertwa*	жертва *f*
Optiker	*op'tik*	оптик *m*
Orange	*porto'kal*	портокал *m*
Organisation	*organi'zatsija*	организация *f*
originell	*origi'nalen*	оригинален
Ort	*'mjaßto*	място *n*
Osten	*'ißtok*	изток *m*
Ozean	*oke'an*	океан *m*
Ozon	*o'zon*	озон *m*

P

Paar	*tschift*	чифт *m*
Paket (Packen)	*pa'ket*	пакет *m*
(Postsendung)	*ko'let*	колет *m*
Paketsendung	*ko'letna 'pratka*	колетна пратка *f*
Papier	*har'tija*	хартия *f*
Papierbogen	*lißt har'tija*	лист *m* хартия
Paprikaschote	*'tschuschka*	чушка *f*
Parfüm	*par'fjum*	парфюм *m*
Park	*park*	парк *m*
Parkplatz	*'parkink*	паркинг *m*
Parlament	*parla'ment*	парламент *m*
Party	*'parti*	парти *n*
Passagier	*'pâtnik*	пътник *m*
Patient	*patsi'ent*	пациент *m*
Perle	*'perla*	перла *f*
persönlich	*'litschen*	личен
Petersilie	*magda'noß*	магданоз *m*
Pfad	*pâ'teka*	пътека *f*
Pfeffer	*'tscheren pi'per*	черен пипер *m*
Pferd	*kon*	кон *m*
Pfirsich	*'praßkowa*	праскова *f*
Pflanze	*raß'tenije*	растение *n*
Pflaume	*'ßliwa*	слива *f*
pflücken	*na'biram*	набирам
Pförtner	*porti'er*	портиер *m*
Pille	*'haptsche*	хапче *n*
Pilot	*pi'lot*	пилот *m*
Pilz	*'gâba*	гъба *f*
Pizza	*'pitsa*	пица *f*
Plakat	*pla'kat*	плакат *m*
Platz (Stelle, Sitzplatz)	*'mjaßto*	място *n*
(freie Fläche)	*plo'schtat*	площад *m*
Plombe	*'plomba*	пломба *f*

Politiker	*poli'tik*	политик *m*
Polizei	*po'litsija*	полиция *f*
Polizist	*poli'tsaj*	полицай *m*
Pommes frites	*'pârsheni kar'tofi*	пържени картофи
Popcorn	*'pukanki*	пуканки *pl*
populär	*popu'ljaren*	популярен
Portemonnaie/Portmonee	*portmo'ne*	портмоне *n*
Porzellan	*portse'lan*	порцелан *m*
positiv	*polo'shitelen*	положителен
Post	*'poschta*	поща *f*
Postkarte	*('poschtenßka) 'kartitschka*	(пощенска) картичка *f*
Postleitzahl	*'poschtenßki kot*	пощенски код *m*
Präsident	*prezi'dent*	президент *m*
Preis (Auszeichnung)	*nag'rada*	награда *f*
(Kaufpreis)	*tse'na*	цена *f*
Priester	*ßwe'schtenik*	свещеник *m*
Probe	*repe'titsija*	репетиция *f*
Prognose	*prog'noza*	прогноза *f*
Programm	*prog'rama*	програма *f*
Prozent	*pro'tsent*	процент *m*
prüfen	*iß'pitwam*	изпитвам
Prüfung (Kontrolle)	*pro'werka*	проверка *f*
(Examen)	*'ißpit*	изпит *m*
Publikum	*'publika*	публика *f*
Pullover	*pu'lower*	пуловер *m*
Puppe	*'kukla*	кукла *f*
Putzfrau	*tschiß'tatschka*	чистачка *f*

Qualität	*'katscheßtwo*	качество *n*
Qualle	*me'duza*	медуза *f*
Quitte	*'djulja*	дюля *f*

R

Radfahren	*kolo'ezdene*	колоездене *n*
Radieschen	*'repitschka*	репичка *f*
Radio	*'radio*	радио *n*
Rasierapparat	*ßamobrâß'natschka*	самобръсначка *f*
Rasiercreme	*krem za 'brâßnene*	крем *m* за бръснене
rasieren	*'brâßna*	бръсна
rasieren, sich	*'brâßna ße*	бръсна се
Rasierschaum	*'pjana za 'brâßnene*	пяна *f* за бръснене
Rat	*ßâ'wet*	съвет *m*
Rauch	*'puschek, dim*	пушек *m*, дим *m*
rauchen	*'puscha*	пуша
Rechnung	*'ßmetka*	сметка *f*
recht	*'deßen*	десен
Rechtsanwalt	*adwo'kat*	адвокат *m*
Regel	*'prawilo*	правило *n*
regelmäßig	*re'dowen*	редовен
Regen	*dâscht*	дъжд *m*
Regenbogen	*dâ'ga*	дъга *f*
Regenmantel	*dâshdo'bran*	дъждобран *m*
Regenschirm	*tscha'dâr*	чадър *m*
Regierung	*pra'witelßtwo*	правителство *n*
es regnet	*wa'li (dâscht)*	вали (дъжд)
reich	*bo'gat*	богат
Reifen	*'guma*	гума *f*
Reihe	*ret*	ред *m*
Reis	*o'riß*	ориз *m*
Reise	*pâte'scheßtwije, pâ'tuwane*	пътешествие *n*, пътуване *n*
Reisebüro	*turis'titschesko bju'ro*	туристическо бюро *n*
Reiseführer	*pâtewo'ditel*	пътеводител *m*
Reiseleiter	*ekßkurzo'wot*	екскурзовод *m*
Reisende	*'pâtnik, tu'rist*	пътник *m*, турист *m*
Reiseroute	*marsch'rut*	маршрут *m*
Reisescheck	*'pâtnitscheßki tschek*	пътнически чек *m*
Reißverschluss	*tsip*	цип *m*

WÖRTERBUCH

reiten	'jazdja	яздя
reparieren	pop'rawjam	поправям
Reservat	rezer'wat	резерват *m*
Restaurant	reßto'rant	ресторант *m*
Restbetrag	'reßto	ресто *n*
retten	ßpa'ßjawam	спасявам
Rezept	re'tsepta	рецепта *f*
richtig	'prawilen, 'weren	правилен, верен
Richtung	po'ßoka	посока *f*
Ring	'prâßten	пръстсн *m*
Rippe	reb'ro	ребро *n*
Rock	po'la	пола *f*
roh	ßu'rof	суров
Rollschuhe	'rolkowi 'kânki	ролкови кънки *pl*
Rollstuhl	inwa'lidna ko'litschka	инвалидна количка *f*
Roman	ro'man	роман *m*
Röntgengerät	'rentgen	рентген *m*
rosa	'rozof	розов
Rose	'roza	роза *f*
Rosine	ßta'fida	стафида *f*
Rost	'ßkara	скара *f*
Röstbrot	pre'petschen chljap	препечен хляб *m*
rot	tscher'wen	червен
Roulade	wre'teno	вретено *n*
Rücken	grâp	гръб *m*
Rückenschmerzen	'bolki w gâr'bâ	болки в гърба
Rucksack	'ranitsa	раница *f*
rudern	gre'bâ	греба
Ruhe!	'Ticho!, Tischi'na!	Тихо!, Тишина!
rund	'krâgâl	кръгъл
Runde, Rundreise	obi'kolka	обиколка *f*
Rundverkehr	'krâgowo dwi'shenije	кръгово движение *n*

S

Sache, Sachen	*'neschto, ne'schta*	нещо, неща
Saft	*βok*	сок *m*
sagen	*'kazwam*	казвам
Sahne	*βme'tana*	сметана *f*
Salat	*βa'lata*	салата *f*
grüner Salat	*ma'rulja*	маруля *f*
Salz	*βol*	сол *f*
Sammlung	*ko'lektsija, 'zbirka*	колекция *f*, сбирка *f*
Samstag	*'βâbota*	събота *f*
Samt	*kadi'fe*	кадифе *n*
Sand	*'pjaβâk*	пясък *m*
Sandale	*βan'dal*	сандал *m*
Sänger	*pe'wets*	певец *m*
Satz (Spielkarten)	*teβ'te ('karti)*	тесте *n* (карти)
sauber	*tschiβt*	чист
sauer	*'kiβel*	кисел
Sauerstoff	*kiβlo'rot*	кислород *m*
Schach	*schach*	шах *m*
Schachtel	*ku'tija*	кутия *f*
Schaden	*schte'ta*	щета *f*
Schaffner	*kon'duktor*	кондуктор *m*
Schaltgetriebe *n*	*'βkoroβtna ku'tija*	скоростна кутия *f*
scharf	*'oβtâr*	остър
Schatz	*βâk'rowischte*	съкровище
schauen	*'gledam*	гледам
Schauspieler	*ak'tjor*	актьор
Schauspielerin	*ak'triβa*	актриса
Scheck	*tschek*	чек
Scheckbuch	*'tschekowa 'knischka*	чекова книжка
Schere	*'noshitsa*	ножица
Scherz	*sche'ga*	шега
schicken	*iβ'praschtam*	изпращам
Schiff	*'korap*	кораб *m*
Schinken	*'schunka*	шунка *f*

Schirm	tscha'dâr	чадър *m*
Schlafanzug	pi'shama	пижама *f*
schlafen	ßpjâ	спя
Schlafsack	'ßpalen tschu'wal	спален чувал *m*
Schlafwagen	'ßpalen wa'gon	спален вагон *m*
Schlafzimmer	'ßpalnja	спалня *f*
Schlange	zmi'ja	змия *f*
schlecht	losch	лош
schließen	zat'warjam	затварям
Schlitten	schej'na	шейна *f*
Schlittschuhe	kân'ki	кънки
Schloss	'zamâk	замък *m*
Schlüssel	kljutsch	ключ *m*
Schmerz	'bolka	болка *f*
Schminke	grim	грим *m*
Schmuckwaren	bi'shuta	бижута
Schmuggel	kontra'banda	контрабанда *f*
schmutzig	'mrâßen	мръсен
Schnecke	'ochljuf	охлюв *m*
Schnee	ßnjak	сняг *m*
schneiden	'resha	режа
Schneider	schi'watsch	шивач *m*
schnell *adj*	bârß	бърз
adv	'bârzo	бързо
Schnur	schnur	шнур *m*
Schnurrbart	muß'tatsi	мустаци *pl*
Schnürsenkel	'wrâßka za o'bufki	връзка *f* за обувки
Schokolade	schoko'lat	шоколад *m*
schon	'wetsche	вече
schön	kra'ßiſ, 'hubaf	красив, хубав
Schraubenzieher	ot'werka	отвертка *f*
schreiben	'pischa	пиша
Schriftsteller	pi'ßatel	писател *m*
Schritt	'ßtâpka, 'kratschka	стъпка *f*, крачка *f*
Schuh	o'bufka	обувка *f*
Schuhbänder	'wrâßki za o'bufki	връзки за обувки
Schuhcreme	bo'ja za o'bufki	боя *f* за обувки

Schuhmacher	obu'schtar	обущар *m*
schulden	dâl'shâ	дължа
Schule	u'tschilischte	училище *n*
Schulter	'ramo	рамо *n*
schütteln	raß'klaschtam	разклащам
schwach	ßlap	слаб
Schwanz	o'paschka	опашка *f*
schwarz	'tscheren	черен
Schweinefleisch	'ßwinßko (me'ßo)	свинско *n* (месо)
schwer	'teshâk	тежък
Schwester	ßeß'tra	сестра *f*
Schwiele	ma'zol	мазол *m*
schwierig	'truden	труден
Schwimmbad	('pluwen) ba'ßejn	(плувен) басейн *m*
schwimmen	'pluwam	плувам
Schwimmen	'pluwane	плуване *n*
Schwimmhalle	(za'krit) 'pluwen ba'ßejn	(закрит) плувен басейн *m*
Science-Fiction	na'utschna fan'taßtika	научна фантастика *f*
sechs	scheßt	шест
sechzehn	scheßt'najßct	шестнайсет
sechzig	schej'ßet	шейсет
See *m*	'ezero	езеро *n*
Seefahrt	pâ'tuwane po mo're	пътуване по море
sehen	'gledam	гледам
(ansehen)	'wishdam	виждам
Sehenswürdigkeit	zabele'shitelnoßt	забележителност *f*
sehr	'mnogo	много
Seide	kop'rina	коприна *f*
Seife	ßa'pun	сапун *m*
sein	'negof	негов
Seite	ßtra'na	страна *f*
(Buch)	'ßtranitsa	страница *f*
selten	'rjadâk	рядък
Senf	gor'tschitsa	горчица *f*
September	ßep'temwri	септември *m*
Servierer	ßerwi'tjor	сервитьор
Serviererin	ßerwi'tjorka	сервитьорка
Serviette	ßal'fetka	салфетка *f*

WÖRTERBUCH

Sex	ßekß	секс *m*
Shampoo *n*	schampo'an	шампоан *m*
sicher	'ßiguren	сигурен
Sicherheitsgurt	pret'pazen ko'lan	предпазен колан *m*
sie 3. p. sg	tja	тя
3. p. pl	te	те
sie ist	tja e	тя е
sie sind	te ßâ	те са
sieben	'ßedem	седем
siebzehn	ßedem'najßet	седемнайсет
siebzig	ßedemde'ßet	седемдесет
Sieg	po'beda	победа *f*
Silber	ßreb'ro	сребро *n*
singen	'peja	пея
Sirup	ßi'rop	сироп *m*
sitzen	ße'djâ	седя
Skateboard	'ßkejt'bort	скейтборд *m*
Ski laufen	'karam ßki	карам ски
Socke	kâß tscho'rap	къс чорап *m*
Sohle (Fuß)	ßtâ'palo, ho'dilo	стъпало *n*, ходило *n*
(Schuh)	pod'metka	подметка *f*
Sohn	ßin	син *m*
solange	doka'to	докато
sollen	'trjabwa	трябва
Sommer	'ljato	лято *n*
Sonne	'ßlântse	слънце *n*
sonnen, sich	pe'kâ ße na 'ßlântse	пека се на слънце
Sonnenbrille	'ßlântschewi otschi'la	слънчеви очила
Sonnenlicht	'ßlântschewa ßwetli'na	слънчева светлина *f*
Sonntag	ne'delja	неделя *f*
Soße	ßoß	сос *m*
Souvenir	ßuwe'nir	сувенир *m*
sparen	pes'tjâ, ßpeß'tjawam	пестя, спестявам
spät	'kâßen	късен
Spaziergang	raß'chotka	разходка *f*
Speisekarte	me'nju	меню *n*
Speiseöl	'olio	олио *n*
Speiseraum	trape'zarija	трапезария *f*

Spiegel	ogle'dalo	огледало n
Spiel	ig'ra	игра f
spielen	ig'raja	играя
Spielplatz	'detska plo'schtatka	детска площадка f
Spielzeug	ig'ratschka	играчка f
Spinat	ßpa'nak	спанак m
Sport	ßport	спорт m
Sportler	ßpor'tißt	спортист m
Sportschuhe	mara'tonki	маратонки
Sporttauchen	'gmurkane ß akwa'lank	гмуркане n с акваланг
Sprache	e'zik	език m
sprechen	go'worja	говоря
Stadion	ßtadi'on	стадион m
Stadt	grat	град m
stark	'ßilen	силен
Staubsauger	prachoßmu'katschka	прахосмукачка f
Steckdose	kon'takt	контакт m
Stecker	'schtepßel	щепсел m
Stecknadel	kar'fitsa	карфица f
stehen	ßto'jâ	стоя
stehlen	kra'dâ	крада
steil	'ßtrâmen	стръмен
Stein	'kamâk	камък m
sterben	u'miram	умирам
Stern	zwez'da	звезда f
Steuer	'danâk	данък m
Stewardess	ßtjuar'deßa	стюардеса f
Stickerei	bro'derija	бродерия f
Stiefel	bo'tusch	ботуш m
Stock(werk)	e'tasch	етаж m
im oberen Stock	na 'gornija e'tasch	на горния етаж
Stoff (Substanz)	weschteßt'wo	вещество n
Strand	plasch	плаж m
Straße	'ulitsa	улица f
Straßenbahn	tram'waj	трамвай m
Strom	tok	ток m
Strumpf	'dâlâk tscho'rap	дълъг чорап m
Strumpfhose	tschorapo'gaschtnik	чорапогащник m

Stück	par'tsche	парче n
Stuhl	ßtol	стол m
Stunde	tschaß	час m
stürmisch	'buren	бурен
Supermarkt	'ßuper'market	супермаркет m
Suppe	'ßupa	супа f
Süden	juk	юг m
Südosten	jugo'ißtok	югоизток m
Südwesten	jugo'zapat	югозапад m
süß	'ßladâk	сладък
Szene	'ßtsena	сцена f

T

Tabak	tju'tjun	тютюн m
Tag	den	ден m
Tagebuch	'dnewnik	дневник m
Tal	doli'na	долина f
Tante	'lelja	леля f
Tanz	tants	танц m
Tasche (Beutel)	'tschanta	чанта f
(Kleidung)	dshop	джоб m
Taschenlampe	fe'nertsche	фенерче n
Taschenmesser	'dshobno 'noschtsche	джобно ножче n
Taschentuch	'noßna 'kârpa	носна кърпа f
Tasse	'tschascha	чаша f
Tatsache	fakt	факт m
taub	gluch	глух
Tauchen	'gmurkane	гмуркане n
tausend	hi'ljada	хиляда
Tee	tschaj	чай m
Teekessel	'tschajnik	чайник m
Teil	tschaßt	част f
teilnehmen	u'tschaßtwam	участвам
Telefon n	tele'fon	телефон m
Telefonbuch	tele'fonen uka'zatel	телефонен указател m

Telefonist	telefo'nißt	телефонист *m*
Telefonkarte	'fono'karta	фонокарта *f*
Telegramm	tele'grama	телеграма *f*
Teller	tschi'nija	чиния *f*
Temperatur	tempera'tura	температура *f*
Tennis	'teniß	тенис *m*
Tennisschäger	'teniß ra'keta	тенис ракета *f*
Teppich	ki'lim	килим *m*
Terrasse	te'raßa	тераса *f*
teuer	ßkâp	скъп
Theater	te'atâr	театър *m*
Theaterstück	pi'eßa	писеса *f*
tief	dâl'bok	дълбок
Tier	shi'wotno	животно *n*
wilde Tiere	'diwi shi'wotni	диви животни
Tierarzt	weteri'naren 'lekar	ветеринарен лекар *m*
Tisch	'maßa	маса *f*
Tochter	dâschte'rja	дъщеря *f*
Toilette (WC)	toa'letna	тоалетна *f*
Tomate	do'mat	домат *m*
Topf (Tontopf)	gâr'ne	гърне *n*
(Kochtopf)	'tendshera	тенджера *f*
Töpferhandwerk	grân'tscharßtwo	грънчарство *n*
Tor *n*	'porta, wra'ta	порта *f*, врата *f*
Torte	'torta	торта *f*
tot	'mârtâf	мъртъв
Tourismus	tu'rizâm	туризъм *m*
Tourist	tu'rißt	турист *m*
Tragödie	tra'gedija	трагедия *f*
traurig	'tâshen	тъжен
Trauzeuge	kum	кум *m*
Treppenhaus	'ßtâlbischte	стълбище *n*
treu	'weren	верен
trinken	'pija	пия
trocken	ßuch	сух
tun	'prawja, 'wârscha	правя, върша
Tür	wra'ta	врата *f*
Turm	'kula	кула *f*

U

U-Bahn	*met'ro*	метро *n*
über	*nat*	над
überall	*naf'ßjakâde*	навсякъде
Übergepäck	*'ßwrâchba'gasch*	свръхбагаж *m*
Überraschung	*izne'nada*	изненада *f*
Überschrift	*zag'lawije*	заглавие *n*
üblich	*obikno'weno*	обикновено
Ufer	*brjak*	бряг *m*
Uhr	*tscha'ßownik*	часовник *m*
um 6 Uhr	*f scheßt tscha'ßâ*	в шест часа
Umwelt	*o'kolna ßre'da*	околна среда *f*
unbekannt	*nepoz'nat*	непознат
und	*i*	и
Unfall	*zlopo'luka*	злополука *f*
unglücklich	*ne'schtaßten*	нещастен
Universität	*uniwerßi'tet*	университет *m*
unmöglich	*newâz'moshen*	невъзможен
Unruhe	*beßpo'kojßtwo*	безпокойство *n*
unser	*nasch*	наш
unten	*'dolu*	долу
unter	*pot*	под
Unterbringung	*naßta'njawane*	настаняване *n*
Unterführung	*'podleß*	подлез *m*
Untergang (Sonne)	*'zaleß*	залез *m*
Unterricht	*u'rok*	урок *m*
Untersuchung	*pro'utschwane*	проучване *n*
Unterwäsche	*be'ljo*	бельо *n*
unverheiratet (Frau)	*neo'mâshena*	неомъжена
(Mann)	*ne'shenen*	неженен
unversehrt	*newre'dim*	невредим

V

Vater	*ba'schta*	баща *m*
Vati	*'tatko*	татко *m*
Vegetarier	*wegetari'anets*	вегетарианец *m*
Vene	*'wena*	вена *f*
Veränderung	*pro'mjana*	промяна *f*
Verbesserung	*podo'brenije*	подобрение *n*
verbringen	*pre'karwam*	прекарвам
verdorben	*razwa'len*	развален
vergessen	*za'brawjam*	забравям
Vergnügen	*udo'wolßtwije*	удоволствие *n*
verhaften	*areß'tuwam*	арестувам
verheiratet (Frau)	*o'mâshena*	омъжена
(Mann)	*'shenen*	женен
Verkäufer	*proda'watsch*	продавач *m*
Verkauf	*pro'dashba*	продажба *f*
verkaufen	*pro'dawam*	продавам
Verkehrsampel	*ßweto'far*	светофар *m*
verlieren	*'gubja, iz'gubwam*	губя, изгубвам
Verlobte *f*	*gode'nitsa*	годеница *f*
Verlobter	*gode'nik*	годеник *m*
verloren	*iz'guben*	изгубен
vermuten	*pretpo'lagam*	предполагам
Vermutung	*pretpolo'shenije*	предположение *n*
verrückt	*lut*	луд
verschieden	*raz'litschen*	различен
Versicherung	*zaßtra'hofka*	застраховка *f*
Verspätung	*zakâß'nenije*	закъснение *n*
Verwandte *f*	*rod'nina*	роднина *f*
Verwandter	*rod'nina*	роднина *m*
verzagt	*u'nil*	унил
Vetter	*bratof'tschet*	братовчед *m*
viel	*'mnogo*	много
vielleicht	*'moshe bi*	може би
vier	*'tschetiri*	четири

WÖRTERBUCH

155

Viertel	*'tschetwârt*	четвърт
vierzehn	*tschetiri'najßet*	четиринайсет
vierzig	*tsche'tirijßet*	четирийсет
Violine	*tsi'gulka*	цигулка *f*
Visum	*'wiza*	виза *f*
Vogel	*'ptitsa*	птица *f*
Volksmusik	*na'rodna 'muzika*	народна музика *f*
voll	*'pâlen*	пълен
vollkommen	*ßâwâr'schen*	съвършен
von	*ot*	от
vor (Zeit)	*pre'di*	преди
Vorbestellung	*rezer'watsija*	резервация *f*
Vorschlag	*predlo'shenije*	предложение *n*
vorwärts	*nap'ret*	напред

Wache	*och'rana*	охрана *f*
Waffe	*o'râshije*	оръжие *n*
Wahl, Wahlen	*'izbor, 'izbori*	избор *m*, избори *pl*
wahrscheinlich	*wero'jatno*	вероятно
Wald	*go'ra*	гора *f*
Wand	*ßte'na*	стена *f*
wann	*ko'ga*	кога
warm	*'topâl*	топъл
Warnung	*predupresh'denije*	предупреждение *n*
warten	*'tschakam*	чакам
Wartezimmer	*tscha'kalnja*	чакалня *f*
warum	*za'schto*	защо
was	*kak'wo*	какво
Was kostet das?	*'Kolko 'ßtruwa to'wa?*	Колко струва това?
Wasser	*wo'da*	вода *f*
wasserdicht	*nepromo'kaem*	непромокаем
Wasserfall *m*	*wodo'pat*	водопад *m*
Wassermelone *f*	*'dinja*	диня *f*

German	Pronunciation	Bulgarian
Watte *f*	pa'muk	памук *m*
weben	tâ'kâ	тъка
Wechselkurs	ob'menen kurß	обменен курс *m*
Wecker	bu'dilnik	будилник *m*
Weg	pât	път *m*
Weihnachten	'koleda	Коледа *f*
weil	za'schtoto	защото
Wein	'wino	вино *n*
Weintrauben	'grozde	грозде *n*
weiß	bjal	бял
weit	da'letsch	далеч
Welle	wâl'na	вълна *f*
Welt	ßwjat	свят *m*
wenn	a'ko	ако
wer	koj	кой
Werbung	rek'lama	реклама *f*
werfen	'chwârljam	хвърлям
wertvoll	'tsenen	ценен
wessen	tschij	чий
Westen	'zapat	запад *m*
Wettbewerb	ßâßte'zanije	състезание *n*
Wette	baß	бас *m*
Wetter	'wreme	време *n*
Wetterbericht	prog'noza za 'wremeto	прогноза *f* за времето
wichtig	'washen	важен
wie	kak	как
Wie weit ist es bis ...?	'Kolko da'letsch e do...?	Колко далеч е до...?
wieder	pak	пак
wie viel	'kolko	колко
wild	dif	див
Wild	'diwetsch	дивеч
Wind	'wjatâr	вятър *m*
windig	wetro'wit	ветровит
Winter	'zima	зима *f*
wir	'nije	ние
Wirbelsäule	grâb'natschen stâlp	гръбначен стълб *m*
wissen	'znaja	зная
Wissenschaft	na'uka	наука *f*

WÖRTERBUCH

Witwe	wdo'witsa	вдовица f
Witwer	wdo'wets	вдовец m
wo	kâ'de	къде
Woche	'ßedmitsa	седмица f
Wochenende	u'ikent	уикенд m
Wohnheim	opschte'shitije	общежитие n
Wohnung	'shilischte, aparta'ment	жилище n, апартамент m
Wohnwagen	kara'wana	каравана f
wolkig	'oblatschen	облачен
Wolle	'wâlna	вълна f
wollen	'ißkam	искам
Wort	'duma	дума f
Wörterbuch	'retschnik	речник m
Wunde	'rana	рана f
Würfel	'zarowe	зарове pl
Wurst	kol'baß, ßa'lam	колбас m, салам m

Z

zahlen	'plaschtam	плащам
zählen	bro'ja	броя
Zähler	bro'jatsch	брояч m
Zahn	zâp	зъб m
Zahnarzt	zâbo'lekar	зъболекар m
Zahnbürste	'tschetka za 'zâbi	четка f за зъби
Zahnpaste	'paßta za 'zâbi	паста f за зъби
Zahnschmerzen	zâbo'bol	зъбобол m
Zehe	prâßt na kra'kâ	пръст m на крака
zehn	'deßet	десет
Zeit	'wreme	време n
Zeitschrift	ßpi'ßanije	списание n
Zeitung	'weßtnik	вестник m
Zelt	pa'latka	палатка f
Zentimeter	ßanti'metâr	сантиметър m
Zentrum	'tsentâr	център m

zerstören	*razru'schawam*	разрушавам
Zeuge	*ßwi'detel*	свидетел *m*
ziemlich	*'doßta*	доста
Zigarre	*'pura*	пура *f*
Zigarette	*tsi'gara*	цигара *f*
Zigeuner	*'tsiganin*	циганин *m*
Zimmer	*'ßtaja*	стая *f*
Zitrone	*li'mon*	лимон *m*
zittern	*tre'perja*	треперя
Zollamt	*'mitnitsa*	митница *f*
Zollbeamter	*mitni'tschar*	митничар *m*
zollfrei	*bez'miten*	безмитен
Zoo	*zoolo'gitscheßka gra'dina*	зоологическа градина *f*
zornig	*ja'doßan*	ядосан
Zucker	*'zachar*	захар *f*
Zuckermelone	*'pâpesch*	пъпеш *m*
Zug	*wlak*	влак *m*
Zum Wohl!	*Naz'drawe!*	Наздраве!
Zündung	*za'palwane*	запалване *n*
zusammen	*'zaedno*	заедно
zustimmen	*ßâgla'ßjawam ße*	съгласявам се
zwanzig	*'dwajßet*	двайсет
zwei	*dwe*	две
zweimal	*dwa 'pâti*	два пъти
zweisprachig	*dwue'zitschen*	двуезичен
Zwiebel	*luk*	лук *m*
Zwilling	*bliz'nak*	близнак *m*
zwischen	*mesh'du*	между
zwölf	*dwa'najßet*	дванайсет